社会保障制度变迁中农民工养老方式研究

张瑞凯 著

北京理工大学出版社
BEIJING INSTITUTE OF TECHNOLOGY PRESS

图书在版编目（CIP）数据

社会保障制度变迁中农民工养老方式研究 / 张瑞凯著. —北京：北京理工大学出版社，2017.12
ISBN 978-7-5682-5137-2

Ⅰ. ①社…　Ⅱ. ①张…　Ⅲ. ①民工-养老保险制度-研究-中国　Ⅳ. ①F842.67

中国版本图书馆 CIP 数据核字（2018）第 002624 号

出版发行 / 北京理工大学出版社有限责任公司
社　　址 / 北京市海淀区中关村南大街 5 号
邮　　编 / 100081
电　　话 /（010）68914775（总编室）
（010）82562903（教材售后服务热线）
（010）68948351（其他图书服务热线）
网　　址 / http://www.bitpress.com.cn
经　　销 / 全国各地新华书店
印　　刷 / 三河市华骏印务包装有限公司
开　　本 / 710 毫米×1000 毫米　1/16
印　　张 / 10.25
字　　数 / 206 千字
版　　次 / 2017 年 12 月第 1 版　2017 年 12 月第 1 次印刷
定　　价 / 45.00 元

责任编辑 / 王晓莉
文案编辑 / 黄丽萍
责任校对 / 周瑞红
责任印制 / 施胜娟

序

农民工是指户籍仍在农村，在本地从事非农产业或外出从业6个月及以上的劳动者，包括在户籍所在乡镇地域内从业的本地农民工，和在户籍所在乡镇地域外从业的外出农民工。根据国家统计局发布的《2016年农民工监测调查报告》，2016年全国农民工总量达到2亿8 171万人，其中本地农民工1亿1 237万人。目前，农民工就业主要集中在第二、第三产业，已经成为支撑我国工业化发展的重要力量。他们不但为我国城市工业的发展提供了源源不断的低成本劳动力，填补了制造业、建筑业、餐饮服务业等劳动密集型产业的岗位空缺，同时成为工业带动农业、城市带动农村、发达地区带动落后地区的有效实现形式，还进一步促进了我国劳动力市场的发育，促进了劳动用工制度的改革和通过市场合理配置劳动力资源机制的形成。

作为我国改革开放过程中出现的最引人注目的社会群体之一，农民工历来受到党和政府的高度关注，中央领导同志多次强调要切实维护农民工合法权益；2003年9月召开的中国工会十四大提出，“农民工已经成为我国工人阶级的新成员和重要组成部分”；2004年初的中央1号文件《中共中央国务院关于促进农民增加收入若干政策的意见》，第一次明确认定“进城就业的农民工已经成为产业工人的重要组成部分”；2006年3月国务院下发了《关于解决农民工问题的若干意见》，提出要“积极稳妥地解决农民工社会保障问题”；2006年10月召开的中国共产党十六届中央委员会第六次全体会议将维护农民工合法权益纳入《中共中央关于构建社会主义和谐社会若干重大问题的决定》，并明确提出要“加快建立适应农民工特点的社会保障制度”。国务院2014年9月发布的《关于进一步做好为农民工服务工作的意见》进一步明确指出，“农民工已成为我国产业工人的主体，是推动国家现代化建设的重要力量，为经济社会发展做出了巨大贡献”。即便如此，“劳动保障权益受侵害的现象还时有发生，享受基本公共服务的范围仍然较小，大量长期在城镇就业的农民工还未落户”，特别是农民工的养老问题，已经成为亟待解决的现实问题。

随着中国社会老龄特征的显露，养老问题逐渐成为全社会共同关注的问题。而中国社会的养老，又具有明显不同于其他国家的本土特征。所谓“中国式养老”，是指立足于我国的经济水平、基本国情特别是传统文化和习惯，60岁以上的老年人可以选择的养老模式。我国现有的养老方式包括家庭养老、社区养老、机构养老等多种养老方式，一些发达地区甚至出现了智能养老方式，即通过互联网、物联网、云计算等科技手段作用于养老服务，运用技术实现多元化的养老服务的一种方式。在建设社会主义和谐社会的语境中，无论选择选择何种养老方式,人们都不应该仅仅只是为了追求生命的维持，而应希望能够真正过上“更加幸福更有尊严的生活”。现阶段的农民工收入相对较低，根据《2016 年农民工监测调查报告》,农民工月均收入水平只有 3 275 元，大多无法单纯依靠自身的努力过上“更加幸福更有尊严的老年生活”,迫切需要政府和社会建立普惠制的社会保障制度以推进农民工养老问题的改善，而随着各地经济发展水平的提高，以及“万众创新”“人人创新”新形态的形成，近年来外出农民工增速持续回落，跨省流动农民工持续减少，政府有责任对建立普惠制的社会保障制度进行呼应。

社会保障是社会的安全网和稳定器，直接关系着包括广大农民工在内的亿万百姓的切身利益。党的十六届三中全会以来，我国社会保障体系建设取得显著成效，对保障和改善民生、维护社会和谐稳定发挥了重要作用。关注民生、重视民生、保障民生、改善民生，是执政党全心全意为人民服务宗旨的要求，是人民政府的基本职责，也是全面建成小康社会、实现中华民族伟大复兴的关键所在。长期以来，党和政府始终把建立健全社会保障体系作为“顺民意、解民忧、惠民生”的重要手段，始终把人民幸福安康、社会和谐稳定作为各项工作的出发点和落脚点，始终把社会保障体系的建立健全作为改善人民生活、增进人民福祉的重要内容，并根据我国经济社会所处的不同阶段就社会保障体系建设做出有针对性的重要决策部署，指引我国走出了一条具有中国特色的社会保障事业发展道路，为建立健全我国社会保障体系奠定了坚实的政治基础。但不得不指出的是，由于改革开放以来中国社会保障制度变革的复杂性、渐进性、全面性和深刻性，我国的新型社会保障制度在实践中的有效性还有待提高（郑功成，2008），特别是中国农民工享有的养老保障制度依然经历着从自我保障向准制度主义混合福利发展的初级阶段。生来就有家国情怀的中国知识分子应该自觉投身这种伟大的实践和探索，并发出客观实在的声音，提出可供操作的建议。

北京科技大学社会学系副教授张瑞凯博士师从中国人民大学人口与社会发展学院李迎生教授，具有丰富的学术经历和较高的学术造诣，先后参与或主持了国家级、省部级重要科研项目 10 多项。与其他习惯坐而论道的学者不同，她积极回应社会的召唤，长期自觉从事农民工社会保障方面的研究，取得了非常丰硕的成果，并得到相关政府部门、学术团体和专家学者的肯定。在本书中，张瑞凯博士清晰客观地介绍了我国农民工养老保障的现实困境及其成因，并提供了国外经验以资借鉴。她不但从学术上解读了制度主义取向、现代化分析取向、公共管理取向等三种试图破解农民工养老保障困境的研究的优点和不足，也从城乡分割的二元体制、农村土地保障的弱化、传统家庭养老模式的式微以及农民从农村到城市的社会流动等几个方面揭示了养老保险制度转型的嵌入性背景，更从实务操作层面对“进城方案”“返乡方案”和“独立方案”等几种期望完善农民工养老保障的具体方案进行了比较和评析，提出了关注养老保障制度的后续效果、发展基于职业身份的养老保障体系、提升政府责任、有效整合福利资源、注重家庭保障与社会保障的配合等工作思路，特别是明确了在农民工养老保障实践中政府的积极责任主体和福利主导者地位，以及家庭的重要功能，具有较强的现实意义和充分的可操作性。相信她的这本学术著作能够带给研究者、管理者和实务工作者很大的收益与启发，因此不揣其陋，愿意为其作序，并向大家真诚推荐。

北京青年政治学院社会工作系　主任　教授　袁光亮

目　录

第一章
中国农民工养老保障的困境

在由传统农业社会向现代社会的转变中，中国社会在政治、文化、价值观等方面也出现了向现代化转变，以及深层次社会结构的变化。在这个充满着异质性、叠合性、斗争、矛盾和希望的进程中，一个自20世纪80年代初期零星出现、90年代初期开始大规模涌现、被冠以“农民工”的人群，成为中国改革开放过程中最引人注目的社会群体。据国家统计局公布的数据，2009年，全国农民工总量为2.3亿人，外出农民工数量为1.5亿人。①就如同孟德拉斯在《农民的终结》一书中指出的，20亿农民站在工业文明的入口处。“大量农民进城务工或在乡镇企业就业，对中国现代化建设做出了重大贡献”，但是，中国城乡二元结构以及与之相适应的户籍制度和一系列相关制度的存在，使农民工进入城市后在就业、各种福利待遇和权益保障方面并不能受到与城市居民相同的对待，从而一直处在各种福利政策的边缘地带。工资水平低、劳动条件差、工作时间长、劳动权益缺乏保障成为农民工这一就业群体的基本特征（李路路，2003），可以说他们是中国社会转型代价的承担者。

从20世纪90年代中期开始，中国的公共知识分子，尤其是强调应当有公共关怀和道德担当意识的社会学、社会政策领域的研究者就开始呼吁要给予农民工国民待遇，让他们共享社会发展成果。另一方面，近年来，中国劳动力从无限供给到有限剩余的转变，也就是民工荒的出现（王德文，2005；蔡昉，2005），使人们开始意识到农民工这个群体的主体力量和行为选择。社会实践结构的变化、学者的呼吁推动着政府政策从忽视这一群体向尊重和保护该群体权益的方向转变，终于使得农民工社会福利制度发生了一些积极的变化。

自2003年以来，国务院制定了一系列保障农民工权益和改善农民工就业环境

① 国际在线.中国农民工数量达到1.49亿［OL］.［2010-01-21］.http：//www.sina.com.cn.

的政策措施，并提出了“公平对待、合理引导、完善管理、搞好服务”的方针。一些地方政府取消了对农民进城就业的各种不合理限制，逐步推进劳动力市场的一体化进程；还有一些地方实施了保障农民工权益的多项措施。这些措施在一定程度上保障了农民工的合法权益，提高了其福利水平，促进了他们与城市社会的融合。在社会福利制度的建设过程中，农民工养老是重点和难点所在。原因之一在于，个体的生老病死是自然界的客观规律，是不以人的意志为转移的，无论人们是否意识到或者在多大程度上意识到这一点，它都是实实在在地存在着的一种客观风险，并不是偶然和随机的（邓大松、王增文，2008）。另外，与其他社会福利项目不同，养老保障从缴费到领取养老金，往往要间隔三四十年的时间，这期间存在的风险概率使得不论是制度制定者还是参保人员，都疑虑重重。因此，在世界各国社会福利制度体系建设过程中，养老保障制度往往是支柱性的安排，它的成效对一国社会福利制度建设的成败起着决定性影响。

近年来，中国政府对农民工的养老给予了前所未有的关注和积极努力，各级政府制定了一系列关于农民工养老保障的办法、条例、规定，并采取多种措施积极推动农民工参保。但参保率的持续低位徘徊和一浪高于一浪的退保潮毫不含糊地表明了事实上的“政策失效”（徐琴，2008）。郑功成等人2005年对深圳、北京、苏州、成都这四个经济比较发达的城市的调查显示，只有22.5%的农民工参加了养老保险（郑功成等，2006）；2007年《劳动和社会保障事业发展统计公报》显示，截至2007年年末，参加基本养老保险的农民工人数为1 846万人，参保率仅为9.2%；华迎放对江苏、辽宁等地的抽样调查显示，江苏省参加养老保险的农民工约100万人，参保率不到20%，其中绝大部分只参加当地农村养老保险，而辽宁省90%以上的农民工没有参加养老保险（华迎放，2004；赵排风，2007）。在“长三角”“珠三角”地区，每年春节前后农民工退保的比例更是惊人，一些年份的退保率竟然高达95%以上。当我们充满希望地想从制度制定中寻求农民工养老这一问题的解决方案和支持时，制度与实践结果之间的背离、制度目标在实践过程中被消解的事实却毫不客气地给了我们当头棒喝，使得政策制定者和研究者不得不思考这些问题：农民工养老保障制度的实践过程到底出现了什么问题？农民工为何对诸多养老保障缺乏参与兴趣？……

作为一个后发外向型现代化国家，在完成国家工业化、城市化进程中，以政府为主导、通过“规划性社会变迁的方式”按照政策设计者的战略意图改造、改善社会成为了一个必然选项。在这个过程中，政策、制度的制定是最重要的，至于制度对象到底有何需求、对制度和政策的看法和评价等是可以忽略不计的。因此，目前中国农民工养老保障制度的研究多是从政府层面看问题，而缺乏从农民工这一主体层面的微观研究。但农民工在制度实施过程中并不是被动的，农民工通过参与政策的行为、执行政府制定政策的行为以及根据一定的政策环境进行自觉的社会选择的活动，对政策效果施加了一定的影响，掌握了一定的主动性（刘晓年，2006），并且他们的行为具有极大的创新性（王小广，1994）。制定农民工养老保障制度时，如果对他们的行为、需求、文化缺乏真正的理解，那么，无论何种制度安排，都不可避免地面对“制度失效”的困境。

尽管当前由于农民工群体主要处于劳动年龄，养老问题还不是非常突出，但是，这个群体的老年生活保障是一个无法规避的社会问题，当下的“政策失效”将会为未来的中国社会留下数以亿计、基本生活无保障的老年人口。如果不能尽快扭转这种局面，在不远的将来，政府、社会和家庭都将为此时的“政策失效”支付更加高昂的成本。

第二章 农民工养老保障制度的研究现状

一、国内研究现状

在中国，农民工养老保障制度是一种新兴的社会福利制度，尤其是在这个群体的养老保障制度建立和完善之前中国老龄化社会的到来，更使得研究者对这个领域产生了特别的兴趣。因此，从 20 世纪 90 年代中期以来，农民工养老保障领域就吸引了国内许多研究者的目光。不同学科的学者借助多种研究范式，从不同视角围绕着农民工养老保障政策建立的必要性（李强，2001；张启春，2003；张学英，2005；李迎生、刘艳霞，2006；李炜，2007；黄干，2007；关信平，2008；董静爽，2008；盛昕，2009）、农民工养老保障建设路径（尤其是社会保障制度）（李培林，2000；李迎生，2001；郑功成等，2002；孙树函，2002；崔红志，2003；周振华、刘义程，2004；贾晓华，2007；周雅颂、陈秀珍，2008）、农民工养老保障政策实施效果及影响因素（许经勇、黄焕文，2005；张旭亮、张海霞，2006；朱镜德等，2007；潘冬青等，2008）以及农民工养老保障政策未来发展趋势（郭伟和，2005；徐道稳，2008；李艳霞，2007；林闽钢，2008；原媛，2009）等主题，进行了多种层次的研究，产生了很多卓有成效的研究成果。而关于农民工养老保障制度实施中出现制度失效这一社会事实的研究，可以从制度主义取向、现代化分析取向和公共管理取向三个视角进行梳理。

比较而言，制度主义取向的研究者将研究重点集中于农民工养老保障制度本身，主要着眼点是制度供给和制度执行，其指出，现有政策、制度体系不完善是农民工养老保障困局形成的主要原因。现代化分析取向的视角注重从农民工这一主体出发进行研究，强调养老保障制度失效的主要原因在于：农民工这一群体虽然在某种程度上进入了城市的职业结构，但“文化堕距”的影响使得他们在思维、文化和观念上没有实现同步的“现代化”（张继焦，2004），这导致该群体对社会保障体系缺乏积极性和参与性，并且，当自身利益受到侵害时（用人单位不参保），也无法采用现代社会有效的方式和途径来维护。公共管理取向的研究侧重于用工企业这一主体在农民工养老保障制度实践中扮演角色的剖析，指出由于他们的消极心态和行动，使得适用于农民工的专项养老保障制度“失效”；同时，该视角还强调以政府为主的公共部门要在社会保障领域同市场建立某种形式的合作伙伴关系，要运用市场手段鼓励企业参与到农民工社会保障体系的构造中来，唯有如此，才能使得被保障人群能够更有效更稳定地应对和抵御突发风险所带来的冲击。

（一）制度主义取向的研究

前文已提，在这一取向的研究中，制度是最主要的影响变量，导致农民工养老保障政策困境的根本原因就是各种制度性因素。根据新制度主义学派的基本观点，人类社会中的任何社会制度都不是孤立存在的，其必然嵌于更大的制度环境中，并且，正式制度之间、正式制度与非正式制度之间存在着关联性。因此，在从制度主义视角剖析农民工养老保障制度的困境时，这些制度性因素不仅仅指的是农民工养老保障制度本身的设计、制度安排，还包括这一制度所处的宏观环境和政策系统，即其嵌入的制度性环境。

就农民工养老保障制度设计上存在的问题，目前的研究主要集中在以下三个方面：第一，农民工专项养老保障制度中养老关系跨区域转移问题。这是当前受到关注最多的领域。近年来，中国各个地区都相继建立了农民工专项养老保险制度，但不同地区农民工养老保险的缴费基数、缴费比率以及账户管理和计算办法等都存在着较大差异（王赵铭，2010）。并且，这些制度都规定农民工必须累计缴费 15 年以上方可在退休后按月领取养老保险金，而农民工的流动性和工作的不确定性决定了很大一部分农民工不可能在一个城市工作 15 年及以上。因此，当农民工在跨统筹地区转移时，根据现行制度，其统筹部分的基金积累贡献无法得到异地承认，这必然降低制度对他们的吸引力，削弱了农民工参保的积极性。第二，养老保险费率设计问题。多项研究指出，在我国劳动力市场长期供大于求的就业环境下，因自身文化程度较低且没有一技之长，大多数农民工的工作领域集中在制造/加工业、家政/保洁等低工资行业，而现行的农民工专项养老保障制度关于费率的设计多集中在个人工资的 8%左右，这超出了农民工可承受的能力。第三，养老保障制度的保障水平问题。不管是以北京地区为代表的独立型养老保障模式，还是以上海为代表的综合型保障模式，抑或以深圳为代表的融入型模式，在养老保险待遇方面，农民工可领取的养老金不到同一年份城镇职工平均水平的一半，根本不能保障农民工个人的正常生活，抵御养老风险的作用欠佳（彭宅文、乔利滨，2005；彭宅文，2006；许征，2004；赵曼，2009；李朝晖，2010；张荣现，2010；郭瑜，2010；张东明，2010）。

政策的设计要呼应目标群体的需求。但目前中国实施的农民工养老保障制度更多的是呼应设计者想象中的“需求”，与现实中农民工的需求和期待错位，导致农民对新的保障政策缺乏参保热情，制度效果不佳。

除了具体制度的不足与弊端外，许多研究者还从农民工养老保障制度所处的宏观环境和政策系统分析现有政策的不完善与低效率。其中，最为重要的制度环境就是以户籍制度为代表的城乡二元分割的社会体制。许多研究者指出，从建国初期到改革开放前，中国实行的计划经济体制逐步形成并固化了城乡分割的二元结构。在农村，国家建立了人民公社制度，使得农民被限制在土地的生产空间中；而在城市，以户籍为基础，国家统一安排就业的制度、商品粮供应制度及其他有关人们生老病死等方面的一系列制度的确立，从根本上强化了城乡的二元分割。自 20 世纪 80 年代以来，中国社会在从计划经济向市场经济、从农业社会向现代工业社会转型的过程中，传统的城乡分割的二元社会体制依然发挥着较大的影响，各种保障与社会福利仍然与户籍身份挂钩。农村的养老保障无法满足进城的农民工的需要，而农民工想获得和城市居民同等待遇的养老保障又显然不具备体制上的“合法性”（郑功成，2002；卢海元，2004；田永坡等，2008）。

另外，有研究者指出，受户籍制度的影响，农民工社会身份和职业上的矛盾还使得他们的社会保障政策议程的设立途径较少、设立过程缓慢且无法有效表达他们的利益诉求，进而导致他们成为社会边缘性群体。这表现为，一方面，农民工在常年居住和就业的城市没有选举权和被选举权，不能在当地参与民主选举、民主管理、民主监督，这导致了城市农民工利益主体事实上的缺位。缺位的直接后果是他们的利益被忽视或者侵害。另一方面，多数城市基层社区受户籍制度影响，其社会组织、社会活动、社会服务并不能顾及农民工，企业工会组织也未深入农民工，农民工没有自己的维权组织，从而使得通过内在途径建立农民工社会福利政策议程缺乏制度化和常规化机制（杨国勇、朱海伦，2007；张永宏，2009）。

因此，许多研究者指出，二元户籍制度是农民工养老保障制度建立的一个不可逾越的壁垒。如果不从根本上改变中国城乡二元社会结构，大力改革城乡户籍管理制度，改革市劳动就业与社会保障制度，农民工的养老保障难题将不可能彻底解决，农工对于社会保障的享受只是一种奢想（刘俊，2007；葛笑如、杨珉，2007）。

另外，新近的一些研究还强调制度的关联性对农民工养老保障体系建设的阻力。研究者根据新制度经济学的观点指出，作为一项制度安排，农民工养老保障制度本质上是嵌入于中国政治经济制度网络中的，所以该项制度的建设也存在着一个与现存关联制度相对接、相融合的问题。而当前基础制度的缺失和网络的不稳定性给农民工社会保障制度的建立增加了很多不确定性因素（如统一的劳动力市场还在建设中、与劳动力市场相关的用工制度也还远未完善），并且，农民工社会保障制度的建立还存在和其他群体社会保障制度的对接问题（最重要的一个关联制度就是我国农村居民的社会保障制度)，这些都给建立农民工社会保障制度尤其是养老保障制度增加了困难（葛笑如、杨珉，2007)。

在这些分析的基础上，研究者把解决农民工养老保障问题的落脚点放到了相应的制度建设方面，比如，废除二元户籍制度而代之以城乡户口一体化的户口登记制度；改变土地承包流转制度，采取“以土地换保障”的方式，将农民工的土地转换成社会养老保障个人账户的基金，从而有效发挥农村户籍人口的土地养老功能；加紧农村居民社会保障建设，实现城镇职工、农民工、农民三个保障体系的顺利对接；完善社保个人账户以及转移账户业务，建立一个全国统一缴费标准、统一支付标准的养老保险制度标准系统，并在系统内实现地区转移的保障金额换算以及对农民工进行分类管理，对短暂回乡型农民工，采取“停保”或“自费续保”方式以保持其账户基金及缴费年限完整，对永久回乡务农的农民工，建议进入不同费率档次的农村养老保险体系等（葛笑如、杨珉，2007；梁平、张春利，2007；张荣现、王超，2010；冯俏彬、才进，2010；李朝晖，2010)。在对策研究中，最主要的议题是关于农民工养老保障模式的构建。目前，国内学者提出了三种方案，一是“进城”方案，即把农民工纳入城镇养老保障体制中来，享受与城镇职工完全一样的社会保障项目；二是“还乡”方案，即把农民工纳入农村社会保障体系，加快改革和完善农村社会保障制度；三是“独立”方案，即参照城镇职工社会保障体系，建立新的农民工社会保障制度。

“进城”方案认为，“进城就业的农民工已经是产业工人的重要组成部分”，应当把农民工基本养老保险归入城镇基本养老保险制度内，这是打破城乡二元结构、实现城乡一体化的需要。这种方案有利于制度的统一，有利于降低城镇养老保险的抚养比，有利于农民向城镇转移（徐秋花、侯仲华，2007)。目前可供选择的两条途径是通过户籍改革将农民工变成城镇居民进而纳入镇养老保险体系或者通过城镇养老保险制度的扩展将农民工直接纳入（张启春，2003)。深圳、广州等地采用的“融入型”模式为这种方案的代表。“还乡”方案提出，鉴于大部分农民工职业和工作地点的不稳定性以及其对未来生活的预期并不是要彻底地融入城市，而是回到老家，因此，完善农村养老保障制度，将农民工纳入农村养老保险体系更为现实（杨立雄，2003)。但是，学术界对这种方案的反对声音也很大。一些学者明确提出，外出务工农民仍拥有自己的承包土地，这些土地还发挥着最基本的养老保险功能，将农民工重新纳入到城镇社会保障体系，一方面会造成城镇居民与农民工享受社会保障的待遇不平等；另一方面，鉴于当前城镇职工养老保障制度本身存在的问题，“进城”方案还会给城镇基本养老保险体系造成巨大压力（杨立雄，2003)。“独立”方案认为，进城务工的农民工遭遇的养老风险已经与纯粹的农民完全不一样，并且，农民工群体内部分化的事实显示一些农民工，尤其年轻农民工已经不愿回到农民队伍中去，现行农村基本养老保险制度已不能满足农民工的需要，但考虑到户籍制度的影响、国家财政实力等现实的限制，可以考虑参照城镇职工社会保障体系，在现阶段推出专门针对这一群体的相对独立的农民工养老保险制度。北京、青岛、浙江等地就是实践这种模型的代表。但很多学者提出，这种方案人为地增加了农民工社会保障体系，势必造成社会保障的“三元格局”，从而造成管理上的不便，并且会带来新的、更大的歧视（李迎生，2002）。

（二）现代化分析取向的研究

我国农民工社会福利制度具有一个非常显著的特点，就是以现代化分析为取向，把农民工从农村进入城市的过程视为一个城市化、现代化的过程，认为农民工从农村进入城市打工、经商后，经过对城市生活方式、工厂生产方式的适应与学习，成功地实现再社会化是这一“现代化”过程的必然结果（李世安，2005；任仲芳，2006；杨云善、时明德，2007）。从现代化理论的分析视角来看，大规模的农村剩余劳动力进入城市、转变为生产工人的过程同时也是农民群体实现自身现代化的过程，各种新的观念、知识、信息、规则会逐步渗入他们的内心，从而在意识与文化层面将他们转变成为“现代人”（李世安，2005）。在这一思路的影响下，许多政策制定者与研究者都倾向于理想地认为，出于在竞争环境中生存与发展的需要，农民工会自觉加强对文化、科技知识的学习，改变原有的小农经济生产方式下长期固守的生活方式、价值观念、目标取向，倾向于接受城市的生活价值和行为规范，培育起现代文明的意识（朱虹，2004；杨云善、时明德，2007），面对社会福利政策，尤其是社会保障政策，农民工在观念、意识层面应该持有一种积极的、热情的接受与参与态度（张继焦，2004）。

然而，现实的状况是，在城市生活与生产方式逐步现代化的同时，进入城市的农民工虽然参与了这一现代化过程，但其本身并未同步实现“现代化”。农民工虽然进入了城市的工业生产活动中，但是他们在文化、思维方式、生活观念等方面仍未实现一个同步的现代化的过程（张继焦，2004）。比如，一些研究者指出，农民工的社会保障意识比较薄弱，他们对社会保障心存疑虑，担心交纳的保险金日后无法收回，因而不愿意参加保险；加之农民工的收入偏低，工作流动性大，工作场所不固定，不愿意参加缴费标准过高的社会保险，他们宁愿将宝贵而有限的现金收入寄回农村，回乡寻求土地保障（卢海元，2004）。这些消极因素在某种程度上极大地束缚了农民工在与其利益相关的诸种问题上的行动表现。

还有一些研究者强调农民工群体自身组织性的缺乏对农民工参与社会保障的影响。研究指出，中国农民工的人数虽然众多，但他们的社会地位低下、组织程度松散、经济收入少、文化层次低、劳动技能不高等原因都决定了中国农民工群体难以形成一个维护自身权益的利益群体。其自我组织能力缺乏，不能通过正规化的组织渠道表达自己的利益诉求，从而使得他们在争取合理的社会保障上缺乏集体的行动能力（杨斌等，2008）。

还有一些学者重点考察了农民工自身因素在社会保障尤其是养老保障问题上

的影响。他们指出，虽然农民工被喻为农村青年中的精华，但是这个群体中的绝大多数文化素质低，缺乏职业技能，维权意识和能力都比较弱，其很多思维方式与新的工业生产、城市生活不相适应，即使是在用人单位不给其办理社会保险的情况下，他们也不知道可以抗争或不敢抗争。另外，已经深深内化的“安土重迁”的观念，使得他们对未来生活的预期也并不是要彻底地融入城市，而是回到老家。因此，这个群体形成了一个“自愿性的隔离区”或“自我交往的封闭区”，在遇到问题时往往通过血缘、亲缘、地缘等性质的传统社会网络来寻求支持与保障。所有的这些因素，都导致了农民工在参与社会保障上缺乏意愿、动力和信心（蒋月，2006；黄海啸，2007）。

总的来看，现代化分析取向的研究反思了农民工群体在观念、意识层面的非同步“现代化”现象，并认为这种现象是导致农民工养老保障难题的重要因素。因此，在解决方案上，这一分析取向的研究者通常认为，解决农民工的养老保障问题是一个长期的过程，要理解流动农民工的社会行动逻辑，真正从农民工的主体出发，加强对他们的培训、教育和宣传，从而增强其对养老保障制度的积极认识，转变其原有的不适应城市现代生产体系的旧思想和旧观念（王永刚，2007；潘泽泉，2007；李方芳、蔡小娥，2008）。另外，还要提高农民工的组织化程度，使得农民工能够有表达自身利益、争取权利的组织途径。在实现农民工组织化的途径中，要在农民工比较集中的地区和企业建立农民工的自主组织（如农民工自己的劳务组织、在工会领导下的农民工分会等），畅通与政府和企业的诉求渠道，增加与资方的谈判能力。鼓励、支持农民工建立正式网络，积极参与社区活动和政治活动，从根本上改变目前外来务工人员既无组织又无话语权的被动状况，使得农民工在权益受到损害时，可以通过这些社群组织，使权益表达合法化（王永刚，2007；李方芳、蔡小娥，2008；张勇濂，2009；黄进，2009）。

（三）公共管理取向的研究

在农民工养老保障研究领域，公共管理取向的研究强调用工单位这一主体在农民工养老问题上的重要作用，同时还强调其作为一种公共产品，应引入市场的竞争机制，让各种私人机构和社会团体参与其中。

已有多项研究显示，中国农民工的就业领域主要集中在建筑、餐饮、服装等技术含量较低的劳动密集型行业，这些行业在没有达到较高的技术、管理水平前，更依赖于低廉的劳动力成本。按照国家相关规定缴纳社会保障费用，必然导致劳动力成本提高、企业利润降低（李珍，1999；黄梦为，2007）。因此，用工企业为了降低生产成本、实现利润最大化目标，主观上会将农民工养老保险视为额外负担。并且，在供大于求的劳动力市场上农民工所处的弱势地位，使得企业在农民工的社会保障上有更强的“反对”能力，因而，他们会以种种形式对农民工养老保险予以抵制，想方设法规避缴费责任（国务院研究室课题组，2006）。

并且，由于我国目前的政绩考核制度、财税制度等相关制度不完善，在地方政府官员的政绩考核制度中，将地方经济发展状况视为至关重要甚至具有决定性影响指标的做法，使得政府在农民工的社会保障问题上往往采取相对软弱的态度，致使企业很容易逃离政府的监管（黄梦为，2007）；甚至一些地方政府为了吸引外资，把企业不用为职工缴纳社保费作为优化投资环境的条件，对企业拒交社会保险费的行为视而不见（刘丽娟，2006；国务院研究室课题组，2006；杨桂宏，2005；麻智辉、刘海清，2007）。

面对企业在农民工养老保障问题上的消极态度，持公共管理取向的研究者认为，应尽快完善企业养老保险的相关法律法规，明确国家、企业、个人三方的义务和责任、权力和利益，用法律规范企业的用工行为，明确其对农民工社会保障问题的责任；同时，充分发挥工商、税务、经贸和监察等部门的配合和联动作用，加大社会保险费征缴和清欠力度，加大监管执行力度（闫然，2007；李晓晖、刘启明，2010）。除此之外，采取各种政策性的优惠与激励措施，鼓励企业积极参与到农民工社会保障的实践中去。例如，通过税收优惠、财政补贴、奖励、银行贷款支持等方式对那些积极办理农民工社会保障的企业给予优惠和激励，提高企业参与农民工社会保障的积极性和热情；对那些大量使用农民工的企业，降低其所得税率，特别是在城市公共设施建设和产业发展中，给予其市场准入的机会（胡海峰、刘光卓，2007）。通过一系列的政策与市场相结合的杠杆，减少农民工养老保障对于用人单位的成本负担，提高农民工社会保障的参保率。

关于农民工的养老保障问题，公共管理取向研究的另一个关注焦点就是以政府为主的公共部门究竟能否在社会保障领域同市场建立某种形式的合作伙伴关系（杨一帆，2009）。许多研究者认为，商业保险在弥补社会保险供给的不足、扩大社会保障覆盖面，从而促进整个社会保障体系的丰富和完善等方面，发挥着其他保障方式难以发挥且不可替代的作用，对减轻政府负担、促进农村社会经济的良性发展也具有十分重要的意义，因此，政府可以借助市场的力量来解决农民工的养老问题（罗莉莉，2006；徐文芳，2009）。但是，我国现有的农民工养老保障制度存在着反市场化倾向的缺陷，政策设计者往往一开始就在社会保险和商业保险之间划出明确的界限，然后政府部门和商业部门各守一方领地，井水不犯河水，只是在实在难以为继的时候，才勉强考虑同商业部门之间的合作。这种倾向限制了商业保险在农民工社会保障上的作用（胡海峰、刘光卓，2007；杨一帆，2009）。

因此，从公共管理这一视角来看待农民工养老保障的解决方案，还应当积极创新保险理念，整合多种保险资源，从设计之初就吸纳商业保险等市场方式的参与，推进社会保险与商业保险相结合，使其发挥各自优势并努力提高运行效率，从而得以扩大保险覆盖面并满足农民工多层次的保障需求，使得被保障人群能够更有效、更稳定地应对和抵御突发风险所带来的冲击（池小萍、张国亮，2005；胡海峰、刘光卓，2007；杨一帆，2009）。

二、国外研究现状

在许多西方学者看来，许多东亚国家的社会经济发展水平远远低于西方国家，为了提高他们在全球经济的竞争能力，这些国家故意在社会保障、社会福利制度上保持着非常低的支出水平。并且，东亚国家福利制度的基础是儒家传统思想，即重视家庭照顾和家长式作风的制度安排，在这些社会中，社会成员的“生命历程”是基于社会地位组织起来的。相对于此，西方社会则是将福利制度扎根于个人权利和基督教慈善机构（Rieger & Leibfried，1999），社会成员的“生命历程”是围绕着“时间”组织建构起来的（Kohli，1986）。因此，许多西方学者认为，不能用统一的分析框架和标准来对这两类社会的福利制度进行分析和比较。这种认知在一定程度上造成了西方学术界中关于东亚国家（包括中国）福利制度研究阙如的局面。20 世纪 90 年代之后，东亚许多国家，尤其是中国在福利制度方面的变革和努力，吸引了一些学者的关注（Hort & Kuhnle，2000；Holliday，2005）。中国农民工规模之庞大、对中国现代化进程的影响之深远以及廉价的用工成本对西方经济发展的巨大冲击力，使得他们不得不审视中国的农民工群体以及相应的制度改革。中国农民工遭遇的不公正待遇更是引起了一部分西方学者的研究兴趣。如陈佩华（Anita Chan）在她的研究中提出，中国在取得经济发展巨大成绩的同时，普通的社会成员，尤其是城市中的工人和农民工，并没有从中分到属于他们的那份“蛋糕”，他们遭到了不平等对待（陈佩华，2002）。并且，她在另一篇论文中指出，中国的工会没有发挥维护工人权益的作用。George J. Gliboy 和 Eric Heginbotham 则非常尖锐地指出，如果中国的改革不能与农民工合法权益的保障相结合，中国社会将出现阶层之间的对抗，甚至会步拉丁美洲一些国家的后尘（George J. Gliboy & Eric Heginbotham，2004）。Russel Smith 还明确指出，中国劳动力市场发生的变化，如在农村向外转移的劳动力数量没有减少的情况下，城市工作岗位减少、城市失业人员增多，加大了推行农民工社会福利政策的难度（Russel Smith，2005）。但从整体来看，东西方的学术交流远未达到“礼尚往来”的程度，西方社会长期以来对中国的政治偏见，使得现有的研究多是从经济学的视野对农民工群体在经济增长中的作用和功能的剖析，以及其对国外经济的冲击力，探讨农民工社会福利政策尤其是养老保障制度的研究成果非常少。并且，他们通常是将农民工视为“农民”的一部分而给予研究，仅有的几项研究主要集中在对中国农村老年人生活现状的调查、中国农村养老保障不稳定的性质或者关于农村福利的理论框架（Hebel，2003）。具体来看，现有为数不多的成果主要涉及以下三个方面：

第一，关于中国政府实施农村居民养老保障制度政治背景的研究。White 指出，由于中国城乡分割，政府只对城镇居民提供社会保障，而对农村居民几乎没有提供保障，农民的保障主要依赖于他们的家庭、亲戚和社区来提供（White，1998）。Gong 的研究剖析了中国社会政治人物如何在农村地区建立实验性质的养老保障制度，以及在快速的政治变革中这些制度是如何被改变的（Gong，2003）。

第二，对农民工参加养老保障情况的实证研究。Nielsen 等人以在中国江苏省进行的调查数据为基础，使用逻辑斯蒂回归分析方法（Logit Regression Analysis）对参加社会保障（包括养老保障）的农民工的特点进行了具体剖析，解释了为什么有些农民工参加了社会保险，而有些人却没有参加。在他们的研究中，性别、收入、与流动地所在城市的关系、所在企业的类型以及个人的房产情况这几个变量达到了统计上的显著水平。

需要特别说明的是，德国学者 Leisering 和 Gong 第一次尝试探索中国农村养老保障制度与农民生命历程之间的互动（Leisering & Gong，2002）。虽然他们的研究在解释中国农村养老的政治进程及其对社会造成的影响这两个方面做出了巨大的贡献，但是，一个关键性问题——政策对参与者的生命历程产生了什么影响——仍然只得到了部分回答。这显示了最新研究成果的不足之处。

第三，关于中国农民工社会福利制度、社会保障未来发展走向的研究。Lieberthal 指出，中国建立多层次的社会保障制度将对企业的改革、社会稳定的维护和社会主义市场经济的建立发挥重要作用，中国应该制定统一的社会保障政策来对社会保障实施规范化的管理，社会保障水平应该适合社会生产力的发展，同时社会应该鼓励互助，商业保险应发展成为社会保障的有力补充（Lieberthal，1995）。

另外一些研究使用中国官方统计数字或深度访谈的资料，探讨中国农民或农民工对老年生活的感知和保障。这些研究指出，即使家庭仍然是养老的主要承载体，城乡养老保障制度发展的不平等明显地影响到城乡两地居民对自己老年生活的安排。城市领养老金的社会成员能够早一点退休从事一些兼职或进行休闲活动，而农民不得不在老年继续工作以养家糊口。不过，人口老龄化和家庭规模的下降使得国家承担更多责任成为一种必然的趋势（Adamchak，2001；Pillai，1999；Yan，1997）。

随着经济全球化的发展，国际移民大量出现。这些移民在很大程度上影响了接受国和原籍国的经济发展和社会生活，非常类似于中国农民工的进城过程。因而，国际上有很多研究外来移民的文献，这对研究中国农民工的养老保障问题有重要的借鉴意义。目前，对外来移民的养老保障研究成果主要集中在移民对接受国财政负担和养老保险系统的影响这一主题。

Razin 和 Sadka 在移民生育率高于当地居民的假设下，认为移民有利于解决接受国人口老龄化的危机、能够增加当地年轻居民的社会福利（Razin & Sadka，1999）。Auerbach 和 Oreopoulos 对接受国未来政府财政状况进行了预测，认为移民流入是否有助于减轻政府的财政压力，取决于政府财政负担是否由未来各代承担；另外，他们指出，移民对财政均衡带来的冲击远远小于财政不均衡程度，所以移民既不能被视为造成财政不均衡的源泉，也不能被视为解决这一问题的一个思路（Auerbach & Oreopoulos，1999）。Storesletten 采用 OLG 模型，计算不同年龄、不同技能的移民进入给政府带来的净收益，提出处于工作年龄的专业技术人员以及中等技能的人员的移入可以应对输入国的老龄化危机，因此，政府应采取相应政策吸引这类移民（Storesletten，2000）。在 Storesletten 研究的基础上，Casarieo 和 Devillanova 假设劳动力存在高非专业技术的区分，并且，非专业技术的工人可以通过教育转化为专业技术的工人。因此，移民能够加大专业技术工人的比例从而改变劳动力市场，在这个过程中，有利于养老金系统的稳定（Casarieo & Devillanova，2003）。

从上述文献我们可以看出，国外学者在探讨移民对财政和养老保险的影响时，大多数学者认为其产生的作用是积极的。

纵观西方学术界对中国农民工社会福利制度的研究，可以清晰地辨明其研究的核心议题，如人力资源、社会资本以及社会公正等。受研究者处于不同国家、地区文化传统、意识形态的影响，这些研究的深度、效度和信度在一定程度上可能会受到不利的影响。但是，他们秉持“旁观者”“局外人”角色的研究，向国内研究者展示了一个新的研究视角和领域，提醒着国内研究者们对研究问题的“赤子之心”。另外，西方学者的研究往往会涉及国内较少谈论的议题，这对于开拓新的研究领域、丰富现有研究，具有重要意义。

另外需要说明的是，在从农业化向工业化转型的过程中，不论是早发外生型国家，如英国、法国等，还是晚发内生型，如中国、日本，劳动力从第一部门转向第二部门、从农村向城市流动都是一个共有的现象，即如发展经济学中的刘易斯模型和拉尼斯—费景汉模型描述的那样，发展中国家的经济分为两大部分：一个是以传统生产方法进行生产，劳动生产率很低，有着大量剩余劳动力的农村传统部门；另外一个是以现代化方法进行生产，劳动生产率和工资水平超过传统部门的城市工业部门。由于两大部门不同的劳动边际收益引起了源源不断的劳动力从农业部门流向城市工业部门，而城市工业部门则从流入劳动力的高生产率和低工资支付中获得超额利润，不断扩大工业部门，吸收农业部门的剩余劳动力，直到农业部门和工业部门的劳动生产率相当，劳动力流动才达到均衡状态，二元经济结构也转变为一元经济结构（刘易斯，1954）。可以说，刘易斯模型和拉尼斯—费景汉模型对劳动力转移的描述与预期，在很长一段时期内都是西方学术界探讨建构农民工福利政策、对农民工主体的行动策略进行研究的前提假设。不考虑这个假设，许多相关研究就失去了重要的依据。

第三章
农民工养老保障制度的变迁与现状

1978年改革开放以来，中国社会逐渐成长为一个快速发展的新兴市场，社会各个领域都在经历着快速和深刻的变革。不论是城市还是农村，中国政府都采取了一系列改革措施，对经济生产、资源分布进行了重新配置。伴随着改革不断涌现的社会问题，社会福利制度领域也经历了同样深刻的变革。自20世纪80年代以来，连续的社会政策改革彻底改变了国家与社会在福利责任方面的关系和角色。而根据新制度主义的主张，制度的变迁和巩固存在着强烈的路径依赖，前一阶段的政策选择往往会决定和影响着后一阶段的政策方案，即“没有什么规则能够完全独立自主：所有规则都是通过与其他各种各样类似的实践活动、程序、规则和体制相互关联从而发挥作用的”（Pierson，2000）。农民工是中国长期实行的城乡分割的二元体制、农村剩余劳动力向城市流动和转移等社会环境和多种制度的产物，要想把握农民工养老保障制度的历史发展脉络和特点，必须将其放在相应的历史环境和制度背景中。

一、养老保险制度转型的嵌入性背景

（一）城乡分割的二元体制

我国户籍制度源远流长，早在西周时期我国户籍制度的雏形就已形成（江立华，2001）。历史上，各个王朝也基本上都建立了比较健全的户口登记和户口管理制度，但其基本功能是人口登记和社会管理，对人口在地区、城乡之间的流动并没有过多的限制，即社会成员的迁徙是自由的。出于镇压反革命、维护公共秩序和社会管理的需要，中华人民共和国建立了崭新的户籍制度，但农民还享有较充分的迁居自由。如 1954 年第一届全国人民代表大会第一次会议通过的中华人民共和国第一部《宪法》第九十条第二款明确规定“中华人民共和国公民有居住和迁徙的自由”。

中华人民共和国成立之初，经历了近半个世纪战乱之苦的中国社会经济发展水平极端落后。鉴于当时绝大部分人口依然依靠农业生产、现代工业比重比较小①以及城乡经济都需要振兴的压力，为了尽快改善局面，新政府采取了苏联的经济发展模式，确立了重工业优先发展战略，并在 1953 年开始实施第一个“五年计划”，集中所有可用的资源着手推动工业化，掀起了社会主义工业化建设的第一轮高潮。随着“一五”计划的实施，工业特别是重工业得到快速发展，城市原有劳动力难以满足工业生产的需要，为了弥补这一缺口，大批农民被吸收到迅速扩大的工人阶级队伍中来。在这个阶段，农业就业比重由 1952 年的 83.5%下降到 1957 年的 81.2%，而非农就业比重由 1952 年的 16.5%上升到 1957 年的 18.8%，年均变化 0.38 个百分点（韩俊，1995）。

但是，自 1955 年始，由于大规模的农村人口流入（见表 3–1），许多城镇和工矿企业不堪重负。尤其是“大跃进”的失误和农业严重歉收使得城镇粮食供应发生困难，于是政府开始对城镇流动人口进行疏散。从 1957 年年底开始，一系列关于限制和扭转农民向城镇流动的相关政策法规相继出台，这些措施取得了一定成效，但仍未从根本上阻止农民进城务工。1958 年，全国工业和建筑业共新增职工 1 900 万人，相当于原有职工的 2 倍，其中约有 1 000 万来自农村（范小玉，1997）。

表 3–1　20 世纪 50 年代中国人口流动情况一览表

年份	流入人口（万人）	流入率（%）
1952—1954	233.6	2.98
1955—1956	306.6	3.70
1957—1958	408.8	4.11

数据来源：钟水映.人口流动与社会经济发展［M].武汉：武汉大学出版社，2003：103.

为了将农村居民固定在土地上，在保证农业相对稳定的情况下，减少农村居民对工业化和城市造成的就业压力，保证重工业优先发展战略的有序进行（辛海宝，2008），中国政府不得不开始对户籍制度进行调整。1958 年 1 月 9 日，全国人民代表大会常务委员会第 91 次会议通过了《中华人民共和国户口登记条例》，确定在全国实行户籍管理制度，以国家法律的形式，对主管户口登记的机关、户口簿的作用、户口登记的范围、户口申报与注销、户口迁移及手续、常住人口与

① 据经济学家杨帆的研究，1949 年中国工农业总产值的比值是 1:9，现代工业的比重只占 10%。

暂住登记等方面都做了明确规定（王美艳、蔡昉，2008）。同时，该条例第10条还明确规定："公民从农村迁往城市，必须持有城市劳动部门的录用证明、学校的录用证明或者城市户口登记机关的准予迁入的证明，向常住地户口登记机关申请办理迁出手续。"20世纪六七十年代，国家对农村迁往城市尤其是大城市的限制愈发严格。1962年12月，公安部出台《关于加强户口管理工作的意见》，该意见明确规定，严格控制农村人口向城市迁移，可以准许城市间必要的正常迁移，但要适当控制中、小城市与大城市尤其是北京、上海、天津、武汉、广州等五大城市之间的人口迁移（马福云，2000）。1963年后，公安部开始用是否吃国家供应的商品粮作为户口性质的划分标准，即"农业户口"针对不能吃国家供应的商品粮的农村居民户，"非农业户口"则针对可以吃国家供应的商品粮的城镇居民户。至此，长期以来抑制城乡人口流动、公民因自身户籍而被划分为两种不同身份、造成城乡分割的二元社会体制正式形成。

当然，户籍制度的实施还有另外一种目的，那就是重构中国社会秩序。随着土地革命广泛推行，城市建设和工业生产初见端倪，新社会的一些上层政治精英试图彻底打破传统的社会结构，重塑一种崭新的、大一统的社会主义秩序，以确保新兴民族国家的安全和稳定。户籍制度的建立，一方面是为了解决秩序问题，另一方面就是为这一理想服务的（陆益龙，2001）。

户籍制度本来只是政府对居民的基本状况进行登记和相关管理的一项国家行政管理制度，目的是提供人口统计资料和维护社会治安。但中华人民共和国1958年建立的户籍制度不仅包括人口信息登记与管理制度，还与粮油供应、劳动就业、社会福利、教育、住房等具体社会管理制度紧密结合在一起，其远远超出了"提供基本的人口数据资料"和"为公民个人行使民事权利提供相应证明"的基本价值，还承担资源配置、利益分配以及限制户口身份转换、控制人口流动和自由迁徙等强大的附加功能。借助一系列的政策安排，户籍政策事实上将城乡两部分居民分成了两种不同的社会身份，城市户口的社会成员可以享受各种社会保障和福利待遇，而农村户籍的农民则被排除在这些保障之外。比如，城市国营企业职工可以享受到公费医疗、退休后的养老金、伤残后的救济金待遇和职工死后的丧葬、抚恤待遇以及由单位近乎无偿提供的住房等等，而农村居民除了农村五保户、军烈属可以享受到国家和村集体提供的补助救济外，其他人只能依靠土地、家庭提供的保障。

总之，二元户籍制度把社会成员划分为城乡居民两个身份群体，并依据户口类型建立和实行了不同的资源分配政策和福利体系，从而赋予城乡居民不同的地位、权利、待遇和义务，并使这些身份、地位、权利的差别长期固定，且延及后代，成了一种带有世袭等级色彩的身份制度（俞德鹏、陈智慧、汪海军，1999）。起初以重建社会秩序为目标的户籍制度，在文化传统及发展战略选择的路径依赖中，逐渐演化成社会控制、资源配置、利益再分配的重要手段（陆益龙，2002）。

而“农民工”这一群体的出现及其养老保障面临的难题，则主要源于这种基于户籍制度的城乡二元分割社会体制的刚性约束。

（二）农村土地保障的弱化

在自给自足的小农经济中，农民通过土地作业获得食物，可以在很大程度上满足自身的需要。而在20世纪80年代的土地制度改革中，在承包变革中坚持土地保障性均分的原则使得农民拥有了稳定的土地使用权，来自于土地的收益或多或少地为农村居民提供了一定程度的生活保障（谢东梅，2004）。因此，长期以来，不论是政府还是学术界，都对土地的功能形成了一个共识，即土地承担着保障中国农村家庭基本生活的职能。如1998年《中共中央关于农业和农村工作若干重大问题的决定》明确指出：“土地是农业最基本的生产要素，又是农民最基本的生活保障”。对于年老后的生活保障，农村居民在进入老年之前，可以从之前的土地收益中预留一部分作为养老之用；另外，还可以将土地转移给子女耕种，由其为自己提供养老（张金玲，2008）。因此，即使政府没有对农村居民提供相应的社会保障，他们也可以依赖土地来保障自身的生活，并且，土地对农民的保障作用是明显的。

但是，土地的保障程度取决于农民人均拥有的土地面积以及土地的收益，即土地经营能够提供的收入稳定性和重要程度（王文玲，2008）。

就农民经营的土地规模来看，第五次人口普查显示，我国人口在10年间增加了1.3亿人，农村人口占63.9%。农村人口每年以800多万的速度递增，而耕地却以每年300万～510万亩的速度减少。目前，我国人均耕地面积1.185亩，其中1/3的省市人均耕地不足0.99亩，有666个县低于联合国制定的0.795亩的警戒线，463个县低于0.495亩的危险线（陈莉霞、曲宁，2006）。再以几个农民工输出地大省为例。1978年陕西省农业从业者人均耕地面积为7.35亩，1995年下降至4.8亩，2006年更是下降至4.38亩。安徽省农业从业者人均耕地面积1990年为3.45亩，2004年下降至3.3亩。而四川省的农业从业者人均耕地面积1995年仅为2.325亩，2000年稍有提高，但也仅为2.415亩。如果从人均耕地面积看，河北省1996年人均常用耕地面积仅为1.51亩，2005年下降至1.31亩。河南省的人均耕地面积更是低，从1990年至2005年一直都是1.05亩。耕地面积的有限导致农业产出严重不足，进而无法有效保障农村居民的正常生活开支。

另外，农业生产是高风险的弱质产业，其对自然环境依赖性非常强。而我国又是一个自然灾害频发的国家，干旱、洪涝、风雹、低温冻害等气象灾害发生非常频繁，每年因自然灾害导致的损失惨重（陈莉霞、曲宁，2006）。并且，随着农业生产资料价格不断上涨、市场行情变幻莫测，农业生产出现了投入与产出倒挂的现象，即“多种多亏，少种少亏，不种不亏”（王文玲，2008）。根据浙江省农村固定观察点办公室的统计，浙江省农地经营的亩均收益已经从1995年的34.51

元下降到 1999 年的–174.72 元，农业经营处于绝对亏本的状态（张忠根，2001）。农村居民家庭的农业经营收入也显示了农业或土地收入的弱化。从图 3–1 可以看到，1990 年至 2009 年，我国农村居民家庭的农业经营人均收入的确在不断增加。1990 年，我国农村居民家庭的农业经营人均纯收入为 344.59 元，1995 年提高到 799.44 元，2000 年达到了 833.93 元，2009 年更是提高到了 1 497.93 元。但是，如果平均为每个月，在收入最高的年份，一个月的收入也仅为 125 元。并且，现今的土地制度使得农户无权通过土地的自由转让获益。在当前生活成本不断提升的社会中，这笔收入根本无法保障农村居民的老年生活。

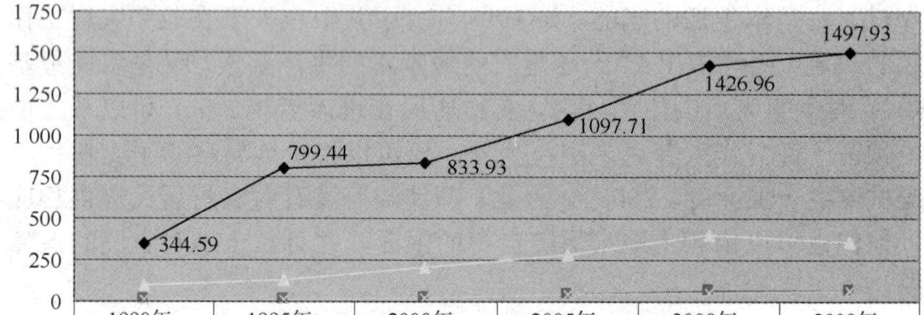

	1990年	1995年	2000年	2005年	2008年	2009年
农业收入	344.59	799.44	833.93	1097.71	1426.96	1497.93
林业收入	7.53	13.52	22.44	45.77	66.18	69.63
牧业收入	96.81	127.81	207.35	283.6	397.52	360.36
渔业收入	7.11	15.69	26.95	42.52	55.19	60.25

图 3–1　1990—2009 年农村居民家庭人均农业经营纯收入统计（单位：元）

数据来源：《中国劳动统计年鉴 2010》

总之，土地小规模经营导致农业生产收益率低，而且农业生产本身的风险因素、频繁发生的自然灾害、农作物市场行情的波动等因素也都限制着土地的收益，土地的保障功能被过高估计，其已经无法承担为农村居民提供“最后一道保障线”的重任，仅依靠土地难以实现农村居民、农民工年老之后的生活保障。

（三）传统家庭养老模式的式微

在几千年传统文化的影响下，中国老年人尤其是农村老人的养老保障主要采用的是家庭养老形式，家庭通过共同居住来为老年人提供养老保障，子女是父母老年时的重要保障。而家庭养老的实施以及质量主要取决于子女的养老意愿和养老能力，需要由整个社会的经济、政治、文化制度作支撑（王习明，2006）。

在养老意愿方面，主要依赖以下三大因素：以孝道为核心的传统家庭伦理；封建国家的有关律法和族规家法；老人的家庭财产所有权以及自然经济条件下他们在生产技能、经验和社会关系网络方面的优势（王秩龙，1999）。

就前两个因素而言，在中国文化中，“孝道”有着长久的发展历史和深刻的社会影响。在儒家思想体系中，“孝”被认为是“百行之冠、众善之始，是天之经也，地之义也，民之行也，德之本也”（岳庆平，2001）。换而言之，“孝”是中国传统社会中个人与家庭关系的重要道德规范，其强有力地维护着社会中的年轻者对年长者的尊崇与孝服，并通过严厉的家教家训得以一代一代传承下去。另外，中国传统社会“家天下”的政权模式、“家国同构”的社会结构使得家庭伦理承载着国家的政治秩序，“孝道”被抬到了极高的地位，成为一切道德观念和道德行为的起点、封建伦理纲常的基础，老人在家庭中的权威地位会因受到国家政权强有力的保护而十分稳固。这使得家庭养老有着深厚的思想根基以及来自制度的约束与控制力。“在传统社会秩序下，人们要有超常的勇气和想象力，才能成为不孝之子”（岩复，1996）。但是，自20世纪30年代尤其是人民公社时期以来，“父之所尊，子不敢不承，父之所异，子不敢不同”的孝道遭到批判和抛弃，虽然中华人民共和国仍然将尊老爱幼作为传统美德加以继承和宣传，但老人权威的思想和制度支撑已经丧失。这种丧失使得家庭养老模式失去了内在驱动力。

在中华人民共和国建立以前的两千多年中，中国农村一直处于自给自足的小农经济社会，这个社会典型的特征就是“乡土性”，是一个“长老社会”，依赖着“礼治秩序”。费孝通先生在《乡土中国》一书中开宗明义地提出，“从基层上看，中国社会是乡土性的。我说中国社会的基层是乡土性的，那是因为我考虑到从这个基层上曾长出一层和乡土基层不完全相同的社会，而且在近百年来更在东西方接触边缘上发生了一种很特殊的社会。”他接着指出，“乡村里的人口似乎是附着在土地上的，一代一代地下去，不会有变化”。对于乡下人来说，土地是他们最重要的东西，种地是他们最普遍的谋生办法，因而中国乡土社会的基本单位是村落。由于人口的流动性小，村落里的人长年生活在一个固定的社会里，生于斯，死于斯，终老是乡，“以农为生的人，世代定居是常态，迁移是变态”。在这样一个封闭、凝固的社会中，老人是集经验、知识与权力为一体的权威，子女要想获得土地与手艺通常必须以赡养父母为代价。但是，改革开放以来，中国进入从传统乡土社会转变为现代社会的加速期，现代社会的特征逐渐呈现在我国社会成员日常生活的各个方面，如在社会生产主体上由老人社会走向年轻人社会，由习俗与惯例社会走向知识与科学社会，以及由同质封闭社会走向异质开放社会。这种转变是社会现代化的必然结果和重要成果之一，也是中国社会从传统向现代过渡的转型期表现，在这个过程中，历史被重新定义，社会被重新界定。乡土社会中的观念、习俗及生活方式被看成是旧的、传统的和落后的，在传统社会中独享权威的老人呈现出被边缘化的困境，能够挣钱的年轻人开始占据主导地位。

在养老能力方面，传统家庭养老模式的实施依赖于多子女的家庭结构。但自20世纪80年代以来，严格的计划生育政策使得家庭子女减少、独生子女增多。已有的调查显示，1953年中国家庭的平均人口为4.33人，1973年为4.81人，1982

年为4.4人，2002年降至3.39人，2005年为3.13人，1973年至2008年的35年间中国家庭的平均人口减少了1.68人，下降幅度高达34.93%（孟霞，2009）。家庭规模的迅速缩减严重削弱了农村居民家庭养老保障的人力基础。

综合上述分析，不难推测：在当前中国社会，家庭在提供养老功能方面将继续扮演重要的角色，但是其对老年人的生活保障功能已经受到严重削弱。

（四）农民进城——从农村到城市的社会流动

如果中国社会一直保持着计划经济体制的运行模式，那么，农民工的养老保障问题根本就不会出现。但是，随着20世纪80年代改革开放以来城乡壁垒的松动、“推力”与“拉力”因素的作用、土地保障的弱化以及传统家庭养老模式的衰落，农村居民大规模向城市流动，这才使得中国农民工的养老保障问题成为一个“真命题”。

1. 体制转型与城乡壁垒的松动

自20世纪70年代末以来，以邓小平为核心的中国共产党第二代领导集体带领中国社会开始了中华人民共和国成立以来党和国家历史上最为深远意义的伟大转折。30多年以来，中国社会经历了跨越式的快速发展和全面的结构转型，经济、政治、文化、社会等各个领域都在经历着深刻的历史变迁（刘崇顺，2008）。其中，70年代末至80年代初家庭联产承包责任制的实施、政社合一的农村人民公社制度的废除对于“农民工”这一群体的出现具有举足轻重的作用。

从1978年11月安徽省凤阳县小岗村的村民“借集体的土地”耕种开始，以“家庭联产承包责任制”为主要内容的中国农村土地制度改革的序幕被拉开了。到1983年年底，实行生产责任制的农户占农户总数的97.1%。以集体所有土地承包给农民分散经营、土地所有权和经营权分离为主要内容的联产承包责任制充分调动了农民的劳动积极性，极大地促进我国农业生产的发展，也使得富余劳动力从土地的束缚中解脱出来。同时，随着家庭联产承包责任制的全面实施，在农业全盘集体化经济基础上发展起来的人民公社制度失去了发展的根基并逐渐被废除，这使得农民受到的控制力下降，他们开始成为事实上的经营主体，开始有了对自己土地的生产自主权和财产权利，并因此拥有了进入非农产业、从事创造其他财富的活动的自己支配的时间。

在这种情况下，农村剩余劳动力问题开始显现。为解决这一规模庞大人群的就业问题，当时中央政府一方面采取大力发展乡镇企业、增加农村非农就业的措施，另一方面开始放松对农村劳动力进入城镇的控制。1984年1月1日，中共中央发出了《关于1984年农村工作的通知》（即1984年中央1号文件）。该文件明确规定“各省、自治区、直辖市可选若干集镇进行试点，允许务工、经商、办服务业的农民自理口粮到集镇落户”，这标志着城乡隔绝体制首次被正式修正。同年10月，国务院颁布了《关于农民进入集镇落户问题的通知》。《通知》规定“凡申请到集镇务工、经商、办服务业的农民和家属，在集镇有固定住所，有经营能力，或在乡镇企事业单位长期务工的，公安部门应准予落常住户口，及时办理入户手续，发给《自理口粮户口簿》，统计为非农业人口”[①]，为农村劳动力进入小城镇开辟了新的空间和途径。一年之后，中共中央、国务院颁布的《关于进一步活跃农村经济的十项政策》（改革开放以来第 4 个涉农的 1 号文件）再次提出允许农民进城开店、设坊、兴办服务业，提供各种劳务；并提出要对实行多年的农副产品统购统销制度进行改革，不再向农民下达农产品统派购任务，而是分别试行合同定购（如粮食和棉花）和市场收购（生猪、水产品和蔬菜）。2000 年，国家正式取消粮油迁徙制度，粮油供应关系和户籍迁移从此相脱离，市场机制开始取代计划分配成为对社会资源进行分配的手段。上述逐渐进式、逐步深化的改革，使得户籍制度对农村劳动力流动的限制逐渐被打破，农村剩余劳动力在城乡之间自由流动的政策环境日益宽松。

与此同时，城市改革的步伐也在加快，经济制度与社会改革也在变化。例如，允许非城镇居民在城市购买商品房，允许非城镇居民在城市从事生产经营活动等，特别是改革了城市就业制度，由国家统一分配劳动力到企业根据需要自由雇用劳动力、自行确定工资水平。就业制度的松动扩大了农民的择业空间，也使劳动力从农村流向城市成为可能。

2. *劳动力流动的“推力”与“拉力”因素*

对城乡人口流动的研究有多种理论视角，如二元经济理论、人力资本理论、供需理论（Supply–Demand Theory）、同化理论（Assimilationism）、成本–收益理论等，其中最有影响的是“推–拉理论”（李强，2003）。E. G. Ravenstein 被视为人口转移“推–拉理论”的鼻祖，他于 19 世纪 80 年代出版了《人口转移规律》一书，对人口的转移进行了具有开创意义的研究。在书中，他明确提出，受歧视、受压迫、沉重的负担、气候不佳、生活条件不合适都是促使人口转移的原因，而其中的经济因素是主要的（邹新树，2005）。在 Ravenstein 观点的基础上，到 20 世纪 60 年代，英国学者 Everett. S. Lee 提出了系统的迁移理论，即研究人口流动和移民最有影响的“推–拉理论”。在他的理论体系中，Lee 首次划分了影响迁移的因素，并将其分为“推力”（Push Factors）和“拉力”（Pull Factors）。具体来说，该理论认为，在市场经济和人口可以自由流动的情况下，社会成员迁移和流动的目的在于通过流动就业改善生活条件。在流入地中那些使流动人口生活条件改善的因素就成为拉力，流出地中那些不利的社会经济条件就成为推力；另外，无论是流入地还是流出地都同时具有吸引和排斥两方面的作用力，人口迁移就是在这两种力量的共同作用下完成的（李晓云，2007）。

① 新华网. 国务院关于农民进入集镇落户问题的通知. http：//news.xinhuanet.com/zhengfu/20010525/589624.htm

中国劳动力从农村向城市流动的动力，与发展经济学家对发展中国家分析的“推–拉”因素既有相同之处，也具有自身鲜明的制度烙印。具体来说，中国劳动力流动的主要推力因素在于农村剩余劳动力的不断增加，而拉力因素在于改革后城市化和工业化进程加快而引起对劳动力需求的增加以及城乡收入差距、地区差距的扩大。

就推力因素来看，如上文的分析，传统户籍制度下对人口流动完全限制带来的劳动力积淀，以及20世纪70年代末开始的经济改革所带来的农业生产效率的提高，使得农村劳动力的供给一直快于农村经济发展对劳动力的需求（如农业部课题组运用劳动力合理负担耕地法测算出中国现阶段农业部门需要的劳动力数量约为1.96亿人）。另外，虽然大量乡办、村办企业的迅速发展为农业人口提供了一定的就业岗位，但随着改革开放的不断深化，粗放经营的乡办企业经营优势减退，使得相当大比例农村地区的非农产业可以吸纳的农村劳动力数量非常有限。这些原因共同导致了中国农村剩余劳动力大量存在和增加。

中国农村剩余劳动力的数量问题自20世纪80年代中期以来就已经成为学者们的关注热点。因为对剩余劳动力的概念界定不同、所采用数据存在差异以及测算方法的多元，研究者测算的结果不尽相同[①]。比如，吴敬琏的估计值是1亿～1.5亿人（吴敬琏，2001）；陈剑光、张忠法等人的估计值为2亿（陈剑光，2000）～2.5亿人（张忠法等，2000）；温铁军等人的估计为4亿～5亿人（温铁军，2001）。其中，大部分学者比较认同的数据是最近几年中国农村剩余劳动力在1.4亿～1.6亿之间（韩俊、崔传义、范皑皑，2007）。大量农村剩余劳动力的存在推动着农村劳动力向城市流动。

农村劳动力向城市流动的原因，除了上述所提的“推力”因素外，还有改革后城市化和工业化进程加快对劳动力需求的增加、城乡收入差距和地区差距的扩大这些巨大的“拉力”。

20世纪80年代中后期，中国城市建设进入调整发展时期，大规模的城市建设活动不仅需要大批的建筑工人，而且拉动了其他相关行业的发展。城市居民生活水平的提高带动了第三产业的兴旺，吸引了大批的服务人员。个体工商户、私营企业、外商投资公司等非国有经济的发展需要大批的劳动力。尤其是在沿海地区和经济发展速度较快的大城市，劳动力市场容量大，就业机会多，促进了农村劳动力的加速流动。

除了城市的需求，城乡收入差距的扩大是农村劳动力流向城市最重要的“拉力”。学术界通常用城乡收入差距比较或收入的年度增长率等指标来衡量农民的收

① 比如，管荣开在其建立的考察农业活动的指标体系中首先提出农业劳动剩余量等于农业劳动力数量减去农业劳动力需要量（即农村剩余劳动力＝农业劳动力数量－农业劳动力需要量）（管荣开，1986）。王玲、孙友然等人则认为，农村剩余劳动力数量应该是农村劳动力总量与农村劳动力剩余率之乘积（农村劳动力剩余率=农村从业劳动力占从业劳动力合计的比重－农村社会总产值增加值占国内生产总值比重）（王玲，2004；孙友然，2007）。

入地位。城乡收入比越大，表明农村与城市的收入差距越大，反之亦然。根据统计年鉴提供的数据，自 20 世纪 70 年代末中国经济改革以来，城乡居民的收入差距经历了一个先缩小，随后再度扩大并且日趋严重的过程。1978—2009 年，农村居民家庭人均纯收入由 133.6 元增加到 5 153.2 元，增长了 37.57 倍；城镇居民家庭人均可支配收入从 343.4 元增加到 17 174.7 元，增长了 49.01 倍。但是，1978 年至 2009 年间，除 1982—1985 年外，其余年份的城乡居民人均收入之比都大于 2，并且在 2000 年之后突破了 3（见表 3–2）。城乡收入差距的拉力成为劳动力流动的巨大拉力。

表 3–2　1978—2009 年城乡居民收入水平统计

年份	城市居民人均可支配收入（单位：元）	农村居民人均纯收入（单位：元）	城乡居民收入比
1978	343.4	133.6	2.57
1980	477.6	191.3	2.50
1981	500.4	223.4	2.24
1982	535.3	270.1	1.98
1983	564.6	309.8	1.82
1984	652.1	355.3	1.84
1985	739.1	397.6	1.86
1990	1 510.2	668.6	2.26
1995	4 283.0	1 577.7	2.72
1997	5 160.3	2 090.1	2.47
2000	6 280.0	2 253.0	2.79
2003	8 472.2	2 622.2	3.23
2004	10 128.5	2 936.4	3.45
2005	10 493.0	3 254.9	3.22
2006	11 759.5	3 587.0	3.28
2007	13 785.8	4 140.4	3.33
2008	15 780.8	4 760.6	3.31
2009	17 174.7	5 153.2	3.33

数据来源：《中华人民共和国年鉴 2010》

另外，20 世纪 80 年代中期以后，中央政府对东部沿海地区政策的倾斜、外资和港澳台资金的大量涌入，使得东部和中西部地区的社会经济发展水平差距拉大。社会成员之间的收入差距不仅与级别、技能、机遇、努力程度等具有关联性，而且与所处的地域有关联性。也就是说，在技能、级别、劳动积极性、工作年限等方面的条件大体相同的职工，如果所处生活的地区不同，其收入就会有相当大的差距。因此，在家庭联产承包责任制提供了最初的迁移推动力之后，地区间发展不平衡和收入差距扩大为这种潜在的迁移势头提供了追加的动力(蔡昉,2000)。

在2008年全国三大地带①各省的人均GDP排序（见表3–3）中，前十位中有九个属于东部地带，排在后五位的地区中有四个属于西部地带，其中人均GDP最高的上海为72 536元，最低的贵州仅为8 789元，两地之比为8.25:1。东部与中西部地区之间越来越大的收入差距为中西部地区的劳动力向东部地区迁移提供了又一拉力。

表3–3 2008年各省人均GDP排序 （单位：元）

排序	省份/市	人均GDP	排序	省份/市	人均GDP	排序	省份/市	人均GDP
1	上海	72 536	12	河北	23 164	23	海南	17 087
2	北京	61 876	13	黑龙江	21 723	24	四川	15 368
3	天津	54 034	14	山西	20 345	25	广西	14 891
4	浙江	41 967	15	湖北	19 840	26	江西	14 728
5	江苏	39 483	16	新疆	19 727	27	安徽	14 465
6	广东	37 402	17	河南	19 523	28	西藏	13 795
7	山东	32 995	18	陕西	18 212	29	云南	12 547
8	内蒙古	32 157	19	重庆	17 952	30	甘肃	12 085
9	辽宁	31 199	20	宁夏	17 784	31	贵州	8 789
10	福建	30 031	21	湖南	17 487			
11	吉林	23 497	22	青海	17 347			

数据来源：《中国统计年鉴2009》

总之，农业劳动力向非农业部门的转移、农村人口向城市迁移是中国体制改革、经济发展以及社会转型的必然结果，其为城市经济的发展注入了新生的力量，推动着中国工业化和现代化的进程。

① 依据经济发展水平，可明显分为东中西三大地带。人们习惯上将辽宁、河北、天津、北京、山东、江苏、上海、浙江、福建、广东、海南和广西等12个省市区划归为东部地区；将黑龙江、吉林、内蒙古、山西、河南、安徽、湖北、湖南和江西等9个省区划归为中部地区；将陕西、甘肃、青海、宁夏、新疆、四川、重庆、云南、贵州和西藏等10省市区划归为西部地区。本节主要根据上述划分标准来讨论不同地区特别是东西部地区个人收入差距。

二、农民工养老保障制度的变迁

中国社会长期实行的城乡分割的二元体制、与户籍制度捆绑在一起的社会保障及公共服务体制使得进城后的农民工因为“农村户口”而被排斥在城镇养老保障制度之外；农村土地保障的弱化以及家庭养老模式的式微又让中国政府可以一直借此推脱对农村居民、对农民工提供保障的借口失去了基础；农村剩余劳动力大规模向城市的流动和转移使得这个“亦工亦农”却又“非工非农”群体的养老保障问题越发显示出紧迫性。在这些制度困境中，中国农民工享有的养老保障制度经历着从自我保障向准制度主义混合福利发展的路径。

（一）1978—1998 年自我保障取向的农民工养老保障制度

20 世纪 70 年代末 80 年代初，我国开始从计划经济和封闭经济中走出来，进入了从传统农业社会向现代工业社会、从计划经济体制向社会主义市场经济体制转型的现代化加速期。在贫困的压力下，绝大多数发展中国家往往都将实现工业化和经济增长作为主要目标，甚至把经济增长等同于社会发展，中国也不例外（赵志浩，2010）。在没有技术优势和知识优势的情况下，为了积累工业社会发展所需的资本和财富、在短期内提高国际竞争力，“发挥廉价劳动力比较优势”就成了一项非常重要的国家战略，而这个“廉价劳动力”的承载者就是这个自 20 世纪 80 年代初期零星出现、90 年代初期开始大规模涌现的群体——农民工。根据中国农民工问题研究总报告起草组的研究结果，目前中国外出农民工数量为 1.2 亿人左右；如果加上在本地乡镇企业就业的农村劳动力，农民工总数为 2 亿人左右（中国农民工问题研究总报告起草组，2006）。因廉价劳动力战略的影响以及户籍制度的限定、劳动力市场的分层，中国农民工只能进入次级劳动力市场，即那种收入低、工作环境差、待遇差、福利低劣的市场，与其承担的工作和付出相比，其工资收入远远低于实际的劳动力价值。据统计，按同等岗位、同样劳动生产率，农民工工资平均比城市正式工低 32%（杨思远，2004）。

在经济全球化的背景下，资本必然向生产成本最低、资本利润率最高的地方集中。正是凭借如此庞大而低廉的劳动力成本，中国形成了制造业的比较优势，成了世界上最重要的产品加工和制造基地之一。目睹廉价劳动力取得的巨大成效，在只求效益、效率而忽视公平的发展理念指导下，对于这部分人群的养老问题，中国政府采取了“掩耳盗铃”的态度，将其列为农民群体，让其自己依靠打工收入、农业经营收入、家庭成员的支持或者邻里、亲友之间的互助来解决老年之后的生活保障问题。一些地方政府为了吸引外资，甚至采取了以牺牲农民工利益来维持企业竞争力的发展模式，把企业不用为职工缴纳社保费作为优化投资环境的条件（许经勇，2004；刘丽娟，2006；国务院研究室课题组，2006；杨桂宏，2005；

麻智辉、刘海清，2007）。

因此，这段时期农民工的养老保障属于一种“自保障”，为其规避生活风险发挥着极其重要的作用。不同于由政府提供的制度化保障，自保障是指社会成员通过家庭和社区组织，主要依靠自身力量去应对各种风险和意外，从而保障基本生活的机制；它是一种遵循传统习俗的非正式的、家庭和社会成员因地制宜、量力而行的保障形式，而不是由政府提供具有普遍性、制度性、系统性的保障安排。具体来说，这一保障机制以家庭和社区等人际互动密切且能够共同参与的地域共同体为场所；以互帮互助、互惠互济为形式；以家庭、邻里、朋友、亲属、社会性法团等构成的支持性网络为依托；以向生活困难者提供紧缺资源和服务为核心；以向受助人群提供经济供给、生活照料和精神慰藉为宗旨；以规避化解居民的生产生活风险为归宿（章长城，2006）。相对于制度性保障，自保障在一定程度上解决了农民工的后顾之忧。

（二）1999 年至今——准制度主义的养老保障

不可否认，廉价劳动力优势对中国经济增长、国民收入提高的影响是巨大的。据有关部门统计，改革开放 30 多年来，我国国内生产总值年均增长 9.2%，其中农民工的贡献率为 16.3%，占了将近 1/6（杨思远，2004）。“大量农民进城务工或在乡镇企业就业，对中国现代化建设做出了重大贡献。”世界银行在其《2020 年的中国——新世纪的发展挑战》研究报告中有如此一段评论：“中国只用了一代人的时间，取得了其他国家用了几个世纪才取得的成就。”在一个人口超过非洲和拉丁美洲总和的国家，这是我们时代最为令人瞩目的发展。但是，对于一个大国来说，在全国范围内长期单一地实行廉价战略不仅是十分不利的，而且是不可持续的，国际市场的摩擦和国内发展的竞争一再证明了这一点（张幼文，2005）。尤其是 2000 年以来，在珠江三角洲、长江三角洲等传统的经济高速发展区域出现的许多中小企业难以找到合适的农民工情况的频繁发生，即“民工荒”现象（简新华、张建伟，2005）使人们开始意识到农民工这个群体的主体力量和行为选择，也使人们不自觉地把分析的矛头指向了长期以来恶化的农民工收入、社会保障等问题，许多研究者都认为，这是农民工对于不公正的待遇的反击（陈诗达，2004；鲁宁，2006）。

政府开始意识到之前一直采取的以牺牲农民工利益来换取经济发展的发展道路已经行不通了，“农村作为廉价劳动力蓄水池的时代已经过去了”。另外，自 20 世纪末以来，中国政府财政收入年均保持了高速增长态势，财政收入占 GDP 的比重也保持了稳定的增长速度，我国经济社会已经发展到了实行“工业反哺农业、城市支援乡村、统筹城乡发展”阶段（石磊，2003），具备了为农民工提供制度性养老保障的经济实力。自 1998 年以来，我国财政收入基本保持着两位数的年均增长幅度，2003 年财政总收入达到了 2.17 万亿元，2005 年突破了 3 万亿元，达到

3.16 万亿元，2009 年更是达到了 6.8 万亿元。在此背景下，我国政府提出了建设社会主义和谐社会的战略主张，开始积极关注农民工、下岗工人、失业群体等弱势群体，并连续制定出台多项关于民生、关于农民工养老保障的政策和文件。

2001 年 12 月，原劳动和社会保障部发布了《关于完善城镇职工基本养老保险政策有关问题的通知》，其中明确规定："参加养老保险的农民合同制职工，在与企业终止或解除劳动关系后，由社会保险经办机构保留其养老保险关系，保管其个人账户及计息，凡重新就业的，应接续或转移养老保险关系；也可按照省级政府的规定，根据农民合同制职工本人申请，将其个人账户个人缴费部分一次性支付给本人，同时终止养老保险关系，凡重新就业的，应重新参加养老保险。农民合同制职工在男年满 60 周岁、女年满 55 周岁时，累计缴费年限满 15 年以上的，可按规定领取基本养老金；累计缴费年限不满 15 年的，其个人账户全部储存额一次性支付给本人。"该通知明确了农民工养老保障制度。此后，许多地区开始根据自己的实际情况制定区域性的农民工养老保险政策，这些政策虽不尽完善，但毕竟迈出了制度化的一步，也是对现行养老保险制度的突破。但是，该项通知中就养老保障金的缴纳比例太高（按照城镇职工养老保险制度规定，用人单位需缴纳工资总额的 20%，个人缴纳工资的 8%），这对于低收入的农民工而言是一笔不小的负担。另外，农民工流动性大，许多地方在具体操作中规定养老保险关系转移时只能转个人账户，社会统筹部分的钱不能转移。因此，该项制度的实施效果并不理想。

基于这一政策的实施效果，2006 年年初，国务院常务会议审议并原则通过了《国务院关于解决农民工问题的若干意见》，再次提出要"积极稳妥地解决农民工社会保障问题……要抓紧研究低费率、广覆盖、可转移，并能够与现行的养老保险制度衔接的农民工养老保险办法。有条件的地方，可直接将稳定就业的农民工纳入城镇职工基本养老保险。已经参加城镇职工基本养老保险的农民工，用人单位要继续为其缴费。劳动保障部门要抓紧制定农民工养老保险关系异地转移与接续的办法"。该文件是一部以国务院名义发布的全面系统地解决农民工问题的指导性文件，表明农民工养老保险这个社会问题已经列入了国家日程。2008 年 10 月，中国共产党十七届三中全会上通过的《中共中央关于推进农村改革发展若干重大问题的决定》又一次提出要扩大农民工养老保险覆盖面，并尽快制定和实施农民工养老保险关系转移接续办法，这进一步推动了农民工养老保障的制度化进程。

在中国政府的不断努力下，2009 年 2 月，由人力资源和社会保障部会同有关部门拟定的《农民工参加基本养老保险办法（草案）》（以下简称《办法》）正式向社会公开征求意见。该办法最为突出的尝试就是明确了农民工养老保险关系转移和权益累计、接续的政策和途径，是现行制度框架内构建过渡性制度的一次尝试。具体来说，国家新出台的农民工养老保障政策的内容如下：

（1）关于筹资主体和缴费比例。根据《办法》规定，养老金的筹资主体由用人单位和农民工个人共同构成。在缴费比例方面，用人单位缴纳的比例为12%；农民工个人的缴费比例最低为4%，最高为8%。并且，个人缴费全部计入其本人基本养老保险个人账户。

（2）关于养老保障水平。农民工缴费累计满15年以上（含15年）且符合待遇领取条件后，可以向社保机构申请并领取基本养老金。基本养老金由基础养老金和个人账户养老金组成。农民工达到待遇领取年龄但缴费年限累计不满15年的，如果参加了新型农村社会养老保险，可以将其基本养老保险权益记录和资金转入户籍地新型农村社会养老保险，享受相关待遇；没有参加新型农村社会养老保险的，则一次性领取个人账户养老金。

（3）关于养老关系的转移接续。《办法》规定，农民工离开就业地时，原则上不“退保”，由当地社会保险经办机构为其开具参保缴费凭证。农民工跨统筹地区就业并继续参保的，向新就业地社保机构出示参保缴费凭证，由两地社保机构负责为其办理基本养老保险关系转移接续手续，其养老保险权益累计计算；未能继续参保的，由原就业地社保机构保留基本养老保险关系，暂时封存其权益记录和个人账户，封存期间其个人账户继续按国家规定计息。

（4）关于其他服务。国家建立全国统一的基本养老保险参保缴费信息查询服务系统，批准发行全国通用的社会保障卡。农民工个人身份证号码作为其本人全国通用、终身不变的社会保障号码，农民工可在各地社保机构查询本人参保缴费等权益记录信息。

另外，同年12月，国务院办公厅转发了人力资源社会保障部、财政部制定的《城镇企业职工基本养老保险关系转移接续暂行办法》，并决定于2010年1月1日起实施。该办法的核心内容就是关于参保人员跨省、自治区、直辖市流动并在城镇就业时基本养老保险关系转移的办法。按照该办法，包括农民工在内的参加城镇企业职工基本养老保险的所有人员，其基本养老保险关系可在跨省就业时随同转移。此外，该办法还就跨省流动就业转移基本养老保险关系的资金计算方法进行了非常详细而明确的规定。

因此，虽然这两个《办法》在制度设计上依然存在着诸多需要改进的地方，但它们适应了中国农民工流动的现实需求，使得他们能够带着养老保险关系进行流动，从而在一定程度上解决了农民工养老保险关系因流动而无法维护和延续的难题。另外，这种制度设计使得农民工能从较低的门槛进入养老保险领域，并最终享受与城镇职工同等的养老保险权益。因此，总体来看，2009年颁布的两个《办法》的公布，从制度层面上推动了农民工养老保障向前迈进了一大步。

三、当前农民工的养老保障制度

进城务工的农民工因为还是农村户籍、在农村还拥有一份承包地，所以依然属于“农民”；但是，脱离了农业生产经营活动的农民工也脱离了传统土地养老保障的范围。他们与城市职工一样，面临着来自多方面的社会风险，客观上有进入防范风险的城镇社会保障制度的需要。并且，从长远和发展的眼光来看，农民工的养老保险需求会在工业化和城市化的进程中日益显性化，他们的养老保险需求与城市居民将日趋一致。因此，目前国内学者就农民工的养老保障提出了三种解决方案，一是针对农民工的户籍身份和土地保障而制定的“还乡”方案，即把农民工纳入农村社会保障体系，加快改革和完善农村社会保障制度；二是根据农民工特点及暂时无法将农民工纳入城市方案的情况而专门制定的“独立”方案，即参照城镇职工社会保障体系，建立专属农民工群体的养老保障制度；三是根据农民工最终要转为“市民”身份而制定的“进城”方案，即把农民工纳入城镇养老保障体制中来，享受与城镇职工完全一样的社会保障项目。另外，一些农民工还因征地而获得了一份特殊的养老保障。那么，农民工可以参加的这些养老保障制度的具体内容和特点是什么呢？

（一）“还乡方案”——新型农村养老保障

如前文所述，改革开放之前，中国农民的养老保障模式基本上以家庭养老为主，辅以低水平的集体保障。“以家庭养老为主”即农村居民通过参加集体生产经营活动获得参与分配生产成果的权利，只有当他们完全丧失劳动能力时，才能退出农业生产活动，由家庭具有生产能力的成员负责其基本的生活品供应。“低水平的集体保障”指的是，1956年合作化时期，针对少数没有劳动能力且无依无靠的老人、残疾人和孤儿，农村集体实行了“五保”制度，即保吃、保穿、保医、保住、保葬（儿童保教）的供养制度，但保障水平非常低。在半个世纪的历史时期内，这一制度对于保证中国农村社会的稳定、提供社会化养老功能，发挥了积极有效的作用。

一方面，从20世纪70年代末中国实行严格的计划生育政策以来，农村家庭的人口结构发生严重变化，年龄结构失衡，导致老龄化的快速到来；另一方面，随着工业化的快速发展，相对于城市来说，农村的经济、社会发展相对缓慢，农民的人均相对收入水平下降，农民自我保障或家庭保障的能力不足。这两方面的因素使得农村养老保障问题变得越发紧迫，建立和完善农村养老保险制度成为农村社会经济发展的客观要求。因此，自20世纪80年代中期开始，中国政府探索性地在一些地区进行农村社会养老保险制度建设试点。到目前为止，农村社会养老保险试点工作已有20多年的历史。

1986年，民政部在江苏沙洲县召开了“全国农村基层社会保障工作座谈会”，确定以经济较为发达的石家庄、上海、大连等五个城市的农村为试点，开始了农村社会养老保险制度的试点。这是我国农村养老保障制度改革的初始阶段。1991年6月，民政部制定了《县级农村社会养老保险基本方案》，确定了以县为基本单位进行农村养老保障资金的筹集，这标志着农村养老保险制度进入了推广阶段。据统计，到1997年11月，有31个省市、自治区的210多个县不同程度地开展了农村社会养老保险工作，参加保险的农民达8 000多万人。但是，这部分人只占应该参保人数的12%，也就是说，经过6年的推广、运行，仍有80%的农民游离于农村社会养老保障之外。此项制度没有获得积极响应的主要原因在于其筹资模式。该方案规定，农村居民养老保障实行“个人缴费为主，集体补助为辅，国家给予政策扶持”。但在实施中，许多集体没有补助的能力，政府扶持政策又长期不到位，最后就剩下农民自己缴费给自己养老。因此，1999年，国务院批转了整顿保险工作小组起草的《保险业整顿与改革方案》的通知，认为中国建立普遍性的农民养老保障的条件尚不具备，要求各地停办此项业务。此后，只在上海、山东、浙江等一些经济条件较好的省市继续实施该项制度。

但是，农村社会抚养比的上升、老龄化程度的日益严峻，使得建立农民养老保障制度迫在眉睫。因此，2002年11月，中国共产党十六大提出“在有条件的地方探索建立农村社会养老保险”。自2003年始，北京、江苏、山东、浙江、山西、云南等省市都结合本地区特点试探性地建立了农民养老保险制度，其覆盖对象主要集中在失地农民、农民工、“五保户”、“计划生育户”等特殊群体的养老保障上。另外，自此以后的农村社会养老保障被称为“新型农村社会养老保险”，即“新农保”。

在新农保试行了将近6年之后，2009年9月，国务院发布了《关于开展新型农村社会养老保险试点的指导意见》(国发〔2009〕32号)。该指导意见要求从2009年起，在全国10%的县（市、区、旗）进行农村养老工作的试点，并在2020年之前基本实现对农村适龄居民的全覆盖。相对于“老农保”，新农保在筹资结构、给付水平等各方面都有了非常大的突破：

（1）在筹资结构上，新农保实行以政府为主导、“个人缴费、集体补助、政府补贴相结合”的筹资结构。与老农保实施“自愿储蓄、自我保障”的原则，筹资模式主要是农民自己缴费、没有政府补贴相比，新农保坚持“政府主导、自愿参保”的原则，个人、集体、政府相结合的筹资方式，使得“新农保”真正成为具有社会性、福利性的社会保障制度。

（2）在账户管理方面，新农保实行“社会统筹和个人账户”相结合的制度模式。在这种基金账户模式中，政府、集体和个人三方共同承担缴费责任但分别记账。其中，个人所缴部分全部进入个人账户，政府和集体缴费存入社会统筹账户，从而实现社会互济。与实施“完全个人账户”模式的老农保的保障范围仅限于愿意且有能力缴费的参保人、没有实现互助共济和风险分担的功能相比，“统账结合”的新农保在发挥个人账户模式作用的同时，又通过对基金在全国范围的统筹规划使用实现了互助共济和风险共担。

（3）在基金管理方式上，新农保采取“财政专户与收支两条线”的管理方式。

新农保吸收了城镇社会养老保险基金管理模式，实行“财政专户与收支两条线”管理方式，而不是老农保中基金管理权集中于地方政府和农保经办机构的集权化模式。新农保基金纳入社会保障基金中财政专户，实行收入两条线管理，单独记账、核算。另外，新农保废除了老农保允许农保经办机构从基金中提取3%的管理费的制度，其工作经费由同级财政部门根据实际需要和有关经费支出标准合理安排，纳入财政预算，不得从农保基金中提取。另外，新农保还确定了严格的基金监督制度规定，要求相关政府部门要切实履行新农保基金的监督职责，制定和完善各项业务管理规章制度，规范业务程序，建立健全内控制度和基金稽核制度，对基金的筹集、上解、发放进行监控和检查，并且定期披露信息，做到公开透明，加强社会监督。新农保这些规定在一定程度上可以克服老农保基金管理中的制度缺陷，从而有效地保证参保农民的利益不受侵害和基金的安全运营及其保值增值。

（二）“独立方案”——农民工养老保障制度

1.“独立方案”之北京模式

该模式是专门针对农民工群体而制定的一个单项的养老保险法规或政策，既与农民工其他险种无关，也与城镇养老保险政策无关，是专属农民工群体的养老保障政策（应永胜，2009），典型代表是北京、青岛、浙江，因此，也被称为“北京模式”。

1999 年 5 月 17 日，北京市颁布了《农民合同制职工参加北京市养老、失业保险暂行办法》（京劳险发〔1999〕99 号），自此开始，北京市开始建立针对农民工群体的养老保险制度。为进一步完善社会保险体系，保障农民工的合法权益，针对《农民合同制职工参加北京市养老、失业保险暂行办法》在执行过程中出现的一些新情况，根据国务院《社会保险费征缴暂行条例》（国务院令 1999 年第 259 号）和劳动和社会保障部有关规定精神，北京市于 2001 年制定了《北京市农民工养老保险暂行办法》。

根据《北京市农民工养老保险暂行办法》相关规定，北京市农民工的养老保险费由用人单位和农民工共同缴纳，分别以上一年本市职工月最低工资标准的19%和 7%缴纳保费（个人缴费比例最终达到 8%），其中个人缴费由用人单位在发放工资时代为扣缴。农民工养老保险按缴费工资基数的 11%建立养老保险个人账户。当农民工达到国家规定的养老年龄（男年满 60 周岁、女年满 50 周岁），或与用人单位终止、解除劳动关系时，可以享受一次性养老保险待遇，其待遇由两部分组成：一是个人账户存储额及利息一次性全额支付给本人，二是按其缴费年限，缴费每满一年，发给 1 个月相应缴费年份的本市职工最低工资。此外，针对农民工职业流动性强的特点，根据相关规定，农民工劳动合同期满、终止或解除劳动合同时，可以转移养老关系，即：在本市重新就业的，接续养老保险关系；跨统筹区域就业，可以转移养老保险关系；也可以一次性领取养老保险待遇，并终止养老保险关系；北京市本地农民工回农村的，还可以将个人账户储存额和按规定核算的待遇转移到本市农村养老保险账户中，按“农保”的规定享受相应的待遇。

2005 年 4 月 1 日，青岛市颁布了《青岛市农民工基本养老保险暂行规定》。根据该规定，农民工的基本养老保险费由用人单位和农民工本人共同缴纳。其中，用人单位以本单位农民工总人数与当地上年度城镇单位职工平均工资的 60%之积为基数，按照 20%的比例缴纳。农民工以本人月工资收入为缴费基数按照 8%的比例缴纳（本人工资收入低于当地上年度城镇单位职工平均工资 60%的，以当地上年度城镇单位职工平均工资的 60%为基数；本人工资收入高于当地上年度城镇单位职工平均工资 300%的，以当地上年度城镇单位职工平均工资的 300%为基数）。另外，非青岛市户籍农民工经本人申请，由用人单位向社会保险经办机构申报，个人可以按照 5%的比例缴纳基本养老保险费。在养老金账户上，用人单位为农民工缴纳基本养老保险费后，社会保险经办机构会为每位参保的农民工建立基本养老保险个人账户。农民工个人缴费部分全部划入个人账户，另外从单位缴费部分中按照个人缴费基数的 3%划入个人账户。在养老关系转移方面，农民工与用人单位终止或解除劳动关系的，其养老保险个人账户由社会保险经办机构予以封存，在该统筹区域内重新就业并参加城镇职工基本养老保险的，社会保险关系予以接续；离开其统筹地区重新就业的，经本人申请，社会保险关系可以转入本人重新参保地。而那些非青岛市户籍的农民工离开统筹地区、社会保险关系无法转移的，可以办理一次性社会保险关系终止手续，社会保险经办机构将其个人账户储存额一次性支付给本人。

2.“独立方案”之上海模式

“独立方案”的上海模式，又被称为综合保险模式。该模式的特点是在城镇职工社会保险体系之外，结合农民工流动性强和收入水平低等特点，建立在费率水平、基金运行方式、待遇支付水平和方式等方面与城镇职工社会保险政策相对独立的社会保险项目（应永胜，2009）。其实综合型农民工养老保险制度也是专门为农民工群体制定的，但是，不同于与独立型养老保险政策只涉及农民工的养老问题，综合型农民工养老保险政策融合了农民工的养老、医疗、工伤及其他险种，是一种综合性的保险政策，养老保险只是“综合”险种中的一种。其典型代表是上海、成都。

上海市早在 2002 年 7 月就颁布了《上海市外来从业人员综合保险暂行办法》，并在 2004 年 9 月 1 日进行了修订。该办法中的综合保险主要包括工伤（或者意外伤害）、住院医疗和老年补贴三项保险。在缴费主体上，由用人单位和农民工本人缴纳；在缴费基数上，用人单位缴费基数是其使用的外来从业人员总数乘以上年度全市职工月平均工资的 60%；无单位农民工的缴费基数是上年度全市职工月平均工资的 60%；在缴费比例上，用人单位和无单位的农民工按照缴费基数 12.5%的比例缴纳综合保险费（外地施工企业的缴费比例为 5.5%）。在缴纳的保险费中，工伤（或者意外伤害）、住院医疗和老年补贴三项保险的比例分配为：7.5%的保险费用于工伤（或意外伤害）和住院医疗保险、5%的费用用于老年补贴。在养老待遇方面，用人单位和无单位的外来从业人员连续缴费满一年的，外来从业人员可以获得一份老年补贴凭证，其额度为本人实际缴费基数的 7%；当他们在男年满 60 周岁、女年满 50 周岁时，可以凭历年的“老年补贴”保单到中国人寿保险公司在各地的经营网点一次性兑现老年补贴。

成都市于 2003 年初开始实施《成都市非城镇户籍从业人员综合社会保险暂行办法》。该办法的许多内容与上海模式非常相似，比如综合保险的内容也是包括工伤（或者意外伤害）、住院医疗和老年补贴三项保险。但是，在缴费比例上，成都市是按照 20%的比例缴纳，其中，有单位的由单位承担 14.5%，个人承担 5.5%；无单位的全部由农民工本人承担。就养老保险所占的比例，由成都市社会保险经办机构按缴费基数的 8%来建立老年补贴个人账户。有用人单位的，以个人缴纳的 5.5%记入个人账户，其余的 2.5%从单位缴费中划入；无单位的，按缴费基数的 8%从其缴费中划入。另外，在养老待遇上，成都市的规定是：男年满 60 周岁、女年满 50 周岁时，由社会保险经办机构一次性发给老年补贴，标准为：个人账户累计储存额+本人综合保险年平均缴费基数×本人累计缴费年限数×0.6%。

（三）“进城方案”

1.“进城方案”之城镇职工养老保障

我国的城镇职工养老保障制度从 1951 年政务院颁布《中华人民共和国劳动保险条例》开始至今，经历了从“部分国家统筹型”向“企业保险”直至“社会保险”转变的制度变迁过程，逐渐形成了统筹面广、层次多、部分积累式的养老保险制度。

中华人民共和国成立后，国家政府非常重视养老问题，但迫于现实压力，主要在城市建立了城镇职工养老保障制度，该制度的覆盖对象是城镇正式职工（公务员、事业单位职工、国有企业职工和城镇集体企业职工），非正式职工的老年人主要依靠家庭来提供养老保障。这一时期的城镇职工养老保险制度效仿了苏联的“国家统筹型”养老保险模式，是计划经济的典型产物。另外，这一时期的养老保险没有实行跨期积累，没有建立个人账户，养老基金筹集模式属于现收现付制，主要来源于企业缴费，职工不必直接缴费。

从 20 世纪 80 年代中期开始，在计划经济体制向市场经济体制的转变过程中，企业成了自负盈亏的市场竞争主体，以 1986 年国务院发布的《国务院关于发布改革劳动制度四个规定的通知》（《国营企业实行劳动合同制暂行规定》《国营企业招用工人暂行规定》《国营企业辞退违纪职工暂行规定》和《国营企业职工待业保险暂行规定》）为标志，中国城镇职工养老保险制度开始了由“传统体制”向“社会统筹”变迁的过程。《国营企业实行劳动合同制暂行规定》就城镇职工养老保障制度进行了改革，其中，最为关键的一项内容在于国家对劳动合同制工人退休养老实行社会保险制度。根据规定，退休养老基金由企业和劳动合同制工人缴纳。退休养老金不敷使用时，国家给予适当补助。企业缴纳的退休养老基金数额为劳动合同制工人工资总额的15%左右；工人个人缴纳的退休养老基金数额为不超过本人标准工资的3%。对国营企业劳动合同制工人实行的养老保险制度，改过去的企业保险为社会保险，标志着我国企业职工基本养老保险制度改革迈出了至关重要的一步。

但是该项制度因为诸多原因而被束之高阁，直到1991年才又开始受到重视。1991年6月，国务院发布了《关于企业职工养老保险制度改革的决定》（国发〔1991〕33号），肯定了养老保险费用社会统筹的改革成果，并提出要在全国逐步建立起基本养老保险与企业补充养老保险和职工个人储蓄性养老保险相结合的制度；改变养老保险完全由国家、企业包下来的办法，实行国家、企业、个人三方共同负担，职工个人也要缴纳一定的费用。其中，职工个人缴纳基本养老保险费为本人标准工资的3%。这一决定的出台，促进了养老保险新机制的形成，标志着我国养老保险实行社会统筹的开始。

20世纪90年代中期，为了应对老龄化社会的挑战以及解决之前基本养老保险制度企业负担重、统筹层次低、管理制度不健全等问题，中国政府加大了养老保险制度的改革。1997年，国务院颁发了《国务院关于建立统一的企业职工基本养老保险制度的决定》，要求到20世纪末基本建立起资金来源多渠道、保障方式多层次、社会统筹与个人账户相结合、权利与义务相对应、管理服务社会化的养老保险体系。其中，养老金的缴费主体由企业和职工个人构成，企业缴纳基本养老保险费的最高比例为企业工资总额的20%（包括划入个人账户的部分），个人缴纳的比例从占本人缴费工资的4%最终提高到8%。另外，按本人缴费工资11%的数额为职工建立基本养老保险个人账户，个人缴费全部记入个人账户，其余部分从企业缴费中划入。在养老保障待遇上，个人缴费年限累计满15年的，退休后按月发给基本养老金。基本养老金由基础养老金和个人账户养老金组成，前者是省、自治区、直辖市或地（市）上年度职工月平均工资的20%，后者则为本人账户储存额除以120。此后，我国城镇企业职工基本养老保险进入了制度统一的阶段。

为了扩大养老资源，缓解基本养老保险的压力，进一步完善城镇养老保险制度，2000年，国务院又颁布了《关于完善城镇社会保险体系试点方案的通知》，决定2001年在辽宁省及其他省（自治区、直辖市）确定的部分地区进行试点。该通知鼓励试点地区的企业建立企业年金。企业年金实行基金完全积累制，采用个人账户方进行管理，企业和职工共同缴纳费用。

在系统总结了东北三省城镇养老保障体系试点经验的基础上，国务院于2005年颁布了《关于完善企业职工基本养老保险制度的决定》，其要解决的问题主要是个人账户没有做实、计发办法不尽合理以及覆盖范围不够广泛。就养老保险的覆盖范围，根据此项决定，城镇各类企业职工、个体工商户和灵活就业人员都要参加企业职工基本养老保险，并把非公有制企业、城镇个体工商户和灵活就业人员的参保工作作为重点。在个人账户上，规定从2006年1月1日起，个人账户的规模统一由本人缴费工资的11%调整为8%，全部由个人缴费形成，单位缴费不再划入个人账户。在计发方法上，规定缴费年限累计满15年的人员，退休后按月发给基本养老金。基本养老金由基础养老金和个人账户养老金组成。退休时的基础养老金月标准以当地上年度在岗职工月平均工资和本人指数化月平均缴费工资的平均值为基数，缴费每满1年发给1%；个人账户养老金月标准为个人账户储存额除以计发月数。

根据中国共产党十六届三中全会关于加快经济建设与经济发展水平相适应的社会保障体系的要求，2005年在总结东北三省试点工作经验的基础上，国务院下发了《关于完善企业职工基本养老保险制度有关问题的决定》（国发〔2005〕38号），主要内容是改革基本养老金计发办法。现行计发办法是缴费满15年以上的，基础养老金都按当地职工平均工资的20%计发，个人账户养老金按账户储存额的1/120计发。同年，劳动和社会保障部、财政部下发了《关于扩大做实企业职工基本养老保险个人账户试点有关问题的通知》（劳社部发〔2005〕27号），开始部署扩大做实个人账户试点工作。

回顾中国城镇养老保险制度变迁的历史，不难发现，新制度主义关于制度嵌入的理论观点再次被验证，我国城镇养老保险制度变迁的过程确实呈现出了明显的路径依赖性。经过多次改革，在制度功能上，其经历了由“企业保障”向“社会保障”的转变，体现了制度的社会互济作用，发挥了社会养老保险的规模经济效应。在筹资主体上，实现了从国家全部承担到企业承担再到企业–个人共同承担的多支柱养老保险体系。在保障范围上，逐步实现了基本养老保险由以城镇为主向城乡统筹，由以城镇职工为主向覆盖城乡居民的转变。

2.“进城方案”之广东深圳模式

简要来看，进城方案的广东深圳模式将农民工的养老保险纳入城镇职工保险体系之内，但在城镇职工养老保险相关政策的部分条款中，对农民工与城镇职工加以区别对待（应永胜，2009）。广东深圳是这种模式的典范。

1998年9月，广东省颁布了《广东省社会养老保险条例》，2000年3月颁布了《广东省社会养老保险条例实施细则》，就农民工的养老保险方法进行了具体规定。此后，广东省根据实际情况又对此项政策进行了调整，并于2006年9月颁发了《关于贯彻国务院完善企业职工基本养老保险制度决定的通知》。根据这三项规定，养老保险被保险人包括固定职工、合同制职工、临时工、农民轮换工、城镇个体经济组织的业主和从业人员、劳务输出人员、港澳台商投资企业中内地户籍员工及外商投资企业中的中国籍员工、实行企业化管理和经费自收自支或差额结算的事业单位及其所属全部职工以及国家机关中的合同制职工、临时工。也就是说，该办法将农民工纳入城镇职工养老保障体系中，与城镇职工实行同一政策。在缴费主体上，由用人单位与农民工个人共同缴纳；在缴费比例上，按被保险人月缴费工资的 11%建立个人账户（2006 年之后调整为 8%），被保险人个人的缴费全部计入个人账户，不足部分从单位缴费中划入。在养老金额度上，其基本养老金由基础养老金和个人账户养老金构成。农民工达到国家规定的退休年龄并实际累计缴费满 15 年，可以按月领取由基础养老金与个人账户养老金构成的基本养老金。在养老关系转移上，农民工在终止或解除劳动合同后，由社会保险经办机构将养老保险个人账户中的资金一次性发给本人同时终结养老保险关系。

深圳市在 1998 年 10 月 27 日通过了《深圳经济特区企业员工社会养老保险条例》，并分别在 2000 年、2006 年进行了两次修订。根据第二次修正后的养老保险条例，深圳经济特区实行的社会养老保险包括基本养老保险、地方补充养老保险和企业年金等多层次的养老保险。其中，基本养老保险适用于特区内的企业（包括企业化管理的事业单位、民办非企业单位，下同）及其员工；地方补充养老保险适用于依照该条例参加基本养老保险的特区内的企业及其本市户籍员工；农民工可按此规定参加基本养老保险，其缴费率和待遇与深圳市户籍劳动者相同。在缴费比例上，基本养老保险费缴费比例为员工缴费工资的 18%，其中员工按本人缴费工资的 8%缴纳；企业按员工个人缴费工资的 10%缴纳。企业和员工缴纳的基本养老保险费中，8%划入员工个人账户，其余部分计入共济基金。在养老保险待遇方面，达到国家规定的退休年龄或者退职条件、缴费年限累计满 15 年的农民工，可与城镇职工一样享受养老保险待遇，具体包括基础养老金、丧葬补助费、供养亲属的一次性抚恤金、基本医疗保险费和地方补充医疗保险费。其中，基础养老金以退休时深圳市上年度在岗职工月平均工资和本人指数化月平均缴费工资的平均值为基数，按缴费每满一年发给 1%计算；个人账户养老金按退休时个人账户积累额除以国家规定的计发月数计算；调节金为 300 元；过渡性调节金是 2007 年退休的每月 250 元，其后每晚一年退休的递减 50 元。另外，根据规定，基础养老金、过渡性养老金、调节金和过渡性调节金由基本养老保险共济基金支付。个人账户养老金在个人账户中支付；个人账户支取完毕后，由基本养老保险共济基金支付。

（四）其他类型的养老保障制度："被动型农民工"的养老

这种养老保障制度主要针对的是那些因为土地征用而被迫成为农民工的一群人。被征地农民的出现是近年来才出现的现象。1949 年的土地改革成功地瓦解了地主对土地的垄断地位，并将其平均分配给了所有农民。拥有一块地成了中国农民的重要生存方式。也是在这种情况下，中国政府没有为农民建立一个完善的社会保障体系，而是将养老、医疗等问题的解决责任推给了农民和村集体。然而，自 1978 年开始推行的经济与社会改革使得这种社会契约失去了效力。快速发展的工业化与城市化使得传统的城乡边缘逐渐模糊，并吸引了许多建设项目。这个过程使得对土地的需求大幅度提高。因此，为了促进经济发展、扩大城市绿化带或改善城市基础设施，一些地方政府冒险对农民的土地进行强制征用。这样的过程持续了好几年。根据《中国城市建设统计年报》提供的数据（见图 3–2），1999 年中国城市土地征用面积仅为 340.47 万平方公里，但 2002 年猛增至 2 879.86 万平方公里，其中耕地 1 863.4 万平方公里，此后略有减少，但每年土地征用面积也都在 1 300 万平方公里左右（2003 年为 1 605.6 万平方公里，耕地 788.73 万平方公里；2005 年为 1 263.92 万平方公里，耕地为 604.69 万平方公里；2008 年为 1 344.58 万平方公里，耕地面积为 617.02 万平方公里）。也就是说，从 2002 年到 2008 年 7 年间累计有 11 319 万平方公里土地被非农业建设征用，其中耕地 5 620.2 万平方公里。这些土地都集中在城市郊区、人口聚集区及经济发达地区。在这些地区，农民拥有的人均耕地不到 0.7 亩。根据一些学者的研究，自 20 世纪 90 年代以来，大约有 6 300 万农民失去了他们的土地，被迫成了“农民工”。

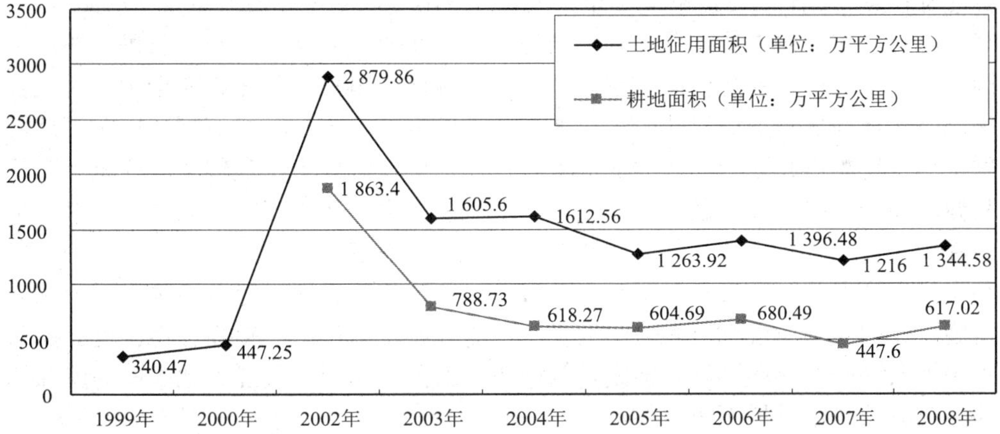

图 3–2　1999—2008 年全国土地征用情况

数据来源：《中国国土资源年鉴》（1999—2008）

土地被征用的农民面临着两个困境：收入下降、生活成本的上涨。因为土地是农民经济收入和日常生活食品的主要来源，其给予了农民经济和社会保护，土地的征用就意味着这些保护的消失。许多被征地农民可利用的收入在减少，尤其是那些主要依靠土地经营谋生的一群人。有关调查显示，多达 46%的被征地农民表示自己的收入情况在恶化（Zhang，2004）。与此同时，城市化进程使得生活成本不断高涨。被征地之后，农民日常生活需要的食品只能从市场上购买；并且，被征地之后，许多农民搬进了现代公寓，其必须承担取暖、自来水、电力以及一些管理费用。被征地的农民正逐渐成为中国城市化过程的一个弱势群体。

因土地征用引发的问题与中国土地制度的含糊有关。1978 年之后，中国政府在农村实施的家庭联产承包责任制是一种土地使用权出让制度，它把土地以及土地之上的建筑物或收益视为两种独立的实体（Chan，2003）。根据《土地管理法》，国家拥有城市土地的所有权，农村集体拥有农村土地的所有权。土地使用者可以使用土地以及处理土地上的建筑物和设施，但那块土地的所有权依然是属于国家或农村集体的。简而言之，土地的使用权与所有权是相互分割的。如果想要获得土地的使用权，组织或者个人必须向国家或村集体支付一定的费用。当然，相对而言，政府机关或国有企业获得土地使用的成本会非常低，甚至是零成本。中国所有土地名义上都属于国有财产。自 20 世纪 90 年代以来，在城市的某些部门，一些土地的使用权已经可以进行交易了。政府依然保留了强制征地的特权，并在认为必要时行使。尽管中央出台了一系列关于征地的规章或文件，但地方政府依然授权自己有充分的行政裁量权，可以根据需要制定有利于自身的实施细则。一般来说，这些制度都会规定要对被征收农田的农民提供以下补偿：土地补偿、农作物补偿等。然而，在如何使农村居民获得公平的赔偿方面，其缺少明确的规定。拆迁补偿款（如果农民能够拿到全部的话）也不足以支付在城市购买住房的费用，甚至不足以在原住宅地购置一套适当的住宅。2002 年以来，农村、农民问题以及因土地征用而引发的社会问题越来越多。据统计，2002 年以来，在全国上访人群中，因土地问题而上访的就占了 1/3，并且，其中高达 60%的直接起因是征地问题。这一现象引起了中央政府的高度关注，在政策制定上，他们考虑的重点开始从经济增长转向社会福利。一些全国人民代表大会的代表表示可以考虑调整《土地管理法》，从而使之更加符合地方政府征用农田来建造工厂或房地产开发的需求和现实。许多政府官员和专家在如何解决被征地农民遭遇问题方面提出了一系列措施，比如对土地进行更有效的管理、严格控制土地征用、提高补偿额度以及改善失地农民的生存环境等。但是，从中央政府的立场出台关于失地农民的就业和保障问题的政策前景不明。

因此，一些地方政府开始着手解决这个问题，他们采取了多种措施来保护这个弱势群体。最常用的方法就是在土地征用赔偿款上采取一次性付款的方式（每亩地的价格通常从 3 万到 5 万元不等），并将给失地农民进行职业培训或介绍工作作为一种补充措施。被征地农民的户籍将会从农村户口转为城镇居民，而那些能找到工作的失地农民被纳入城市社会保障体系中（包括养老保险）。但城镇社会保障的权利是和就业紧密联系在一起的，那些没有在城镇企业就业的农民或农民工就会被排除在保障体系之外。作为一种补偿，许多地方政府会让被征地农民在农村集体企业和乡镇企业就业。然而，这种将责任和财政压力转嫁到个体企业的措施无法从根本上解决这个问题，尤其是一些失业农民根本不具备在现代工厂中就业的能力和素质。很快，这些单位和企业会迫于如此沉重的负担而拒绝招用这些农民工。失业和老年再次成为被征地农民自身的风险。

在一些富裕地区，地方政府已经认识到这些措施的缺陷，并开始尝试制定一些补偿性政策来支持被征地农民的安置和就业，其中一个中心思想就是所谓的“土地换保障”。上海是这种政策的积极实施者。2003 年年底，上海针对失地农民推出了一种新的社会保障计划（可以称为镇保计划、小城镇保险），以此为他们提供更多的保障。这项政策到目前为止有效地解决了被征地农民常见的问题。但是，这种措施也只能在经济发展比较好的地区比如北京、上海、浙江实施，对于全国而言，局势仍然不明朗。因此，现在还无法对因为失地被迫成为农民工的这个群体的养老保障计划给予最终的评判。但是，中央和地方政府如何处理这个急性现象将会毫无疑问地影响许多这些被迫型农民工家庭的生活。

四、中国农民工养老保障制度的特点

关于制度变迁，凡勃伦认为：“社会结构的演进都是制度上的一个自然淘汰过程……是随着人类赖以生存的制度的不断变化而逐渐变化的。今天的形式是要构成明天的制度的，方式是通过一个淘汰的、强制的过程，对人们对事物的习惯观念发挥作用，从而改变或加强他们对过去遗留下来的事物的观点或精神态度。”（凡勃伦，2007）林毅夫认为“建立一个新的制度安排是一个消费时间、努力和资源的过程。……当发生不均衡时，制度变迁过程最大可能是从一个制度安排开始，并只能是渐渐地传到其他的制度安排上去。”（林毅夫，1994）

养老制度变迁也遵循制度变迁的一般逻辑。这个变迁过程首先从养老功能自家庭走向社会开始，随着其社会性的逐步增强，政府作为一个制度实施组织的作用也逐步增强，而当政府干预到制度发育的过程时，养老制度就作为一种公共产品被生产出来。随着制度环境的变化，政府介入的广度、深度、强度和介入的方式都在不断调整。

从上述制度变迁的视角来看中国农民工养老保障，可以看到，中国政府在解决农民工群体养老风险问题上的扮演角色的不同认知和观点推迟了整体政策的进步（Gong，2003；Leisering & Gong，2002；Shi，2006）。那些认为政府应该承担更多责任的学者和政策制定者坚持这一群体养老金制度的必要性与更大份额的公共责任，反对者仍然坚持传统的保障方式（如土地、家庭）。坚持第二种观点的学者认为农民工最终要回归农村，因此可以从农村自力更生的传统福利中获得保障。事实上，在中国社会政策的政治议程中，相对于城镇职工，农村农民（农民工）一直都处在一个次要的地位，并且，在 1978 年改革开放之后，这种政治逻辑并没有改变太多。当政府将重点投入城市的福利改革时，农村社会政策依然是一些零星政策措施的拼凑。在中国许多地方已经建立了农民工养老保障制度的情况下，近年来，中央政府也顺应要求，决定加入这一趋势。然而，其最基本的理念是地方政府、用人单位和农民工自身承担起大部分的财政负担，并且，多项研究已经显示，这个指导方针已经对各地农民工养老政策的制定和实施施加了重要影响，并进而直接影响到农民工这个庞大的群体。

威伦斯基（Wilensky）和勒博（Lebeaux）在 1958 年出版的《工业社会与社会福利》一书中把社会福利模式分为补缺型社会福利和制度型社会福利。补缺型社会福利重视家庭和市场的作用，强调依靠家庭和市场来提供个人所需的福利待遇，即只有当家庭和市场的作用失灵而难以提供个人所需的福利待遇时，国家和政府才会承担相应的责任。制度型社会福利则重视国家和政府的作用，认为国家对于个人的福利需求负有不可推卸的责任，主张依靠国家和政府来提供个人所需的社会福利。用这一标准来分析中国农民工的养老保障，可以得出这样的结论：20 世纪 90 年代中期之前，中国农民工养老保障是一种典型的自我保障取向的补缺型福利；20 世纪 90 年代末期至今，这项制度正逐步向一种准制度型福利过渡。

这些制度行为标志着中国农民工应对养老风险的方式从传统的家庭养老开始走上与现代社会发展相适应的“制度化”。虽然因为制度设计中存在的问题（如责任主体过于单一、参保年限设计过长等等）、村集体力量薄弱以及用工单位的躲避等诸多原因，这些制度在实际操作中遭到了沉重的打击，但这种尝试和努力使得农民工的生命历程开始和一种制度的力量接触，农民工的生命历程开始沿着制度的规则、现代社会的要求而逐渐规范化、制度化。农民工养老保障制度方案汇总情况见表 3–4。

表 3–4　农民工养老保障制度方案汇总

项目	还乡方案	独立方案		进城方案	
	“新农保”	北京模式	上海模式	城镇职工养老保障制度	广东深圳模式
资格要求	农村户籍	没有户籍限制（但对工作时间有潜在要求）	没有户籍限制(但对工作时间有潜在要求)	城市户籍	没有户籍限制（但对工作时间有潜在要求）
缴费主体	个人缴费、集体补助、政府补贴	用人单位、农民工	用人单位、农民工	用人单位、企业职工	用人单位、农民工
缴费比例	个人缴费标准目前设为每年 100 元、200 元、300 元、400 元、500 元 5 个档次。集体补助标准由村民委员会决定。地方政府对参保人缴费给予补贴，补贴标准不低于每人每年 30 元	用人单位以上年度本市职工月最低工资标准的 19%缴纳；农民工以 7%缴纳（缴费比例最终达到 8%）	用人单位和无单位的外来从业人员按照缴费基数的 12.5%缴纳综合保险费，其中 5%用于养老保障	企业工资总额的 20%；本人缴费工资的 8%	按被保险人月缴费工资的 8%建立个人账户

续表

项目	还乡方案	独立方案		进城方案	
	"新农保"	北京模式	上海模式	城镇职工养老保障制度	广东深圳模式
缴费期限	已年满60周岁、未享受城镇职工基本养老保险待遇的，不用缴费，但其符合参保条件的子女应当参保缴费；距领取年龄不足15年的，按年缴费，允许补缴；距领取年龄超过15年的，累计缴费不少于15年	未具体规定最低缴费年限	未具体规定最低缴费年限	个人缴费年限累计满15年	累计缴费年限满15年
领取时间	年满60周岁	男年满60周岁，女年满50周岁	男年满60周岁，女年满50周岁	男年满60周岁，女年满55周岁	男年满60周岁，女年满55周岁
领取方式	按月领取	一次性领取	一次性领取	按月领取	按月领取。达到退休年龄但未达到按月领取基本养老金条件的，可一次性领取个人账户储存额
养老金水平	由基础养老金和个人账户养老金组成。中央确定的基础养老金标准为每人每月55元（地方政府可根据实际情况提高标准）。个人账户养老金的月计发标准为个人账户全部储存额除以139	个人账户储存额及利息一次性全额支付给本人。社会账户按累计缴费年限给付	用人单位和无单位的外来从业人员连续缴费满一年的，可以领取一份老年补贴凭证，额度为本人实际缴费基数的7%	由基础养老金和个人账户养老金组成。基础养老金月标准为省、自治区、直辖市或地（市）上年度职工月平均工资的20%，个人账户月标准为本人账户储存额除以120。个人缴费年限累计不满15年的，退休后不享受基础养老金待遇，个人账户储存额一次性支付给本人	由基础养老金和个人账户养老金组成

续表

项目	还乡方案	独立方案		进城方案	
	“新农保”	北京模式	上海模式	城镇职工养老保障制度	广东深圳模式
养老保险关系续接	无	在本市行政区域内重新就业的，可以接续养老保险关系；跨统筹区域就业的，个人账户全部随同转移	无明确说明	无	终止或解除劳动合同后，个人账户中的资金一次性发给本人，同时终结养老保险关系

虽然每一项制度都尝试将农民工的养老问题从依赖家庭转向制度保障，但是，从不同的方案来看，不同的制度对农民工的生活、工作、风险应对机制和养老承担主体有着不同的假设（见表 3–5）。

具体来看，“进城方案”强调国家对集体福祉的责任，其并不是将个人推向市场任其宰割，而是借由国家积极的养老保障政策以达到对其老年生活保障的目的。由于社会福利的财务基础仍然依赖纳税，因此国家鼓励农民工就业。在这种方案中，个人的生命历程在很大程度上被养老保障制度标准化，并期待留驻城市。

“返乡方案”中，国家的干预程度相对有所降低，个人的生活利益和风险都被假定应该由个人或家庭来承担，农民工个体的生命历程是（被强迫）以劳动为中心，并被期待最终回归农村。

“独立方案”中，国家的干预程度降到最低，强调的是农民工一生中社会地位和所得状况的流动和延续。尽管这类型的福利体制给个人提供一定程度的生活保障和机会，它们的分配却视身份（农民或城镇职工）、就业区域等社会类别而定。换句话说，该方案是一个阶层式的福利分配体系，制度重点不在于消除社会不平等，而在于确保农民工对整个体系的期望确定和所得安全。并且，个人也必须承担绝大部分的社会风险，个人的生命历程是流动性的。

表 3–5　农民工养老保障方案背后假设

项目	对农民工风险意识的假定	对国家责任的设定	对家庭养老的态度	对城乡居民养老差距的态度	个人生命历程的规划
进城方案	强	强	较弱	消除差距	有“退休”阶段
返乡方案	弱	较弱	强	保持差距	没有“退休”阶段
独立方案	较弱	最弱	最弱	消除一定差距	没有“退休”阶段

在养老保障制度从自我保障取向转向准制度主义的过程中，农民工这一群体老年之后的风险在一定程度上得到了应对和规避，但客观而言，农民工在养老上的福利实现水平仍未达到理想状态。并且，从制度的具体实践情况来看，政府一直试图努力推动农民工保障水平的提高并采取了切实的措施，但现实的参保率仍然较低，农民工的参与兴趣不高。那么，如何思考这种困局的性质及其深刻原因呢？接下来的章节将从生命历程的范式出发对该问题进行思考和解答。

第四章
农民工对政府在养老问题上的态度研究

一、问题的提出

政府究竟应该承担何种福利责任？在过去的近半个世纪里，这一问题已引发了政治学、经济学和社会学等多学科经久不衰的讨论。对现代民族国家而言，对这一问题的探讨依然具有普适价值。伴随20世纪90年代后西方国家大举施行福利紧缩政策以来，公众对政府福利责任的态度逐渐成为舆情观测的一个“晴雨表”。不同于收入再分配的直接财富转移，政府提供社会福利是一个相当复杂和“可操作”（operational）的过程（Free and Cantril，1968）。因为，这直接关系到执政党后续的施政纲领。

西方研究从个体自利（包括家庭自利）、对生活的主观评价、意识形态、福利体制等不同角度进行了探讨。当将这一具有普适性价值的问题置于中国场景时，以西方为中心的理论视角能否解释中国农民工群体对政府福利责任的态度差异？

截至2014年，中国农民工人数已达2.74亿（国家统计局，2014）。毋庸置疑，中国经济的快速腾飞在一定程度上源自广大流动人口的劳动红利和低水平福利体制的贡献。在中华人民共和国成立至改革开放之前，农村人口的福利获得主要依赖于“政府指令化”行动下农户互倚的集体福利以及以“养儿防老”“平均主义”为基础的伦理体系，迥异于城市“高福利、低收入”的单位福利体制（韩央迪与李迎生，2014）。改革开放以后，“效率”高于“公平”的唯GDP发展主义大行其道；反映在福利体制改革上，“社会福利社会化”在实践中导向了单向度的“社会福利市场化”（钱宁，2008）。结果是，数以亿计的农村人口投身于城市化进程，离土又离乡，而其福利诉求却成为难以言说的现代之觞。

直至进入21世纪，“胡温新政”的上台重启了对“平等与正义”的重要关切，并采取了系列举措，部分回应了自20世纪90年代中期以来学者就提出的“发展农民工社会保障制度”之倡议（孙立平，1994；郑杭生与洪大用，1994）。回望过去的十几年，面向农民工群体的社会保障制度进步与不足并存：进步体现在，各地政府积极实施了“融入型”“综合型”或“独立型”等不同的农民工社会保障制度（李迎生与韩央迪等，2008），新《劳动合同法》的出台在一定程度上保障了农民工群体平等享有社会保险的权利，中央亦推动了养老保险的全国转续[①]。不足则主要体现在，农民工群体及其随迁子女仍然游离在城市社会福利体制的外围；在以落户条件为圆心、以地方利益博弈为核心的城市户籍制度改革中，流动人口被再度排斥在城市公共资源的重置进程之外（吴开亚与张力等，2010）。

在福利体制尚不完善的转型中国，面对贫富差距日益扩大的挑战，政府被寄予厚望并在推动城乡社会保障的融合上付诸了积极行动。反观农民工群体的主体性，参保意愿低（Xu and Guan et al.，2011；Huang and Cheng，2014）和“退保”逆潮（杨楠，2012）并行。这至少反映出农民工对法定社会保险制度的不信任。那么，“理性选择”下的农民工到底是如何看待政府的福利责任的？比较有意思的是，韩春萍等人通过对中国城乡居民的研究发现，相对于城市居民，处于弱势境遇的农村居民反而表现出对政府更低的支持（Han，2012）。难道农村居民不是理性选择个体吗？其背后的影响机制是什么？在推动城乡社会保障一体化的进程中，厘清农民工对政府福利责任的看法及其影响因素，显然有助于政策制定者挖掘政策对象的能动性。

然而，在“新型城镇化”“市民化”等宏大叙事中，农民工作为主体的微观自我表达尚付阙如。受制于历时性数据的匮缺，国内现有针对农民工群体的福利态度研究还十分有限。万国威在针对中国弱势群体福利态度的研究中涉及了农民工群体，但并未得出能反映这个群体特性的相关发现（万国威，2015a；万国威，2015b）。整体上，目前以农民工为特定对象的独立研究仍属凤毛麟角（张瑞凯，2013）。针对中国民众的福利态度研究多以农民、儿童、青少年、老人、大学生等不同人群为对象（韩央迪，2012；彭国胜，2012；孙睿雯，2014；万国威，2014；万国威，2015；杨琨，2015；张瑞凯，2015）。

在对转型中国的研究中，农民工无疑是检视现代性发展的最好对象。他们的“市民化”过程对其有关政府福利责任的态度和看法会否产生影响？他们为什么支持或不认同政府的福利责任？是如西方理论阐释的个体自利选择？抑或是现代性、传统福利文化的塑造结果？对这些问题的回应都将有助于揭示可能的影响机制，进而发挥农民工在社会保障制度发展进程中的主体能动性。囿于现实情境，本研究以北京市农民工群体为例，据此剖析农民工群体对政府福利责任的态度特

---

① 《城乡养老保险制度衔接暂行办法全文》于2014年7月1日正式颁布。

征及其影响因素。

二、文献回顾与分析框架

福利态度是个包容性概念。它既指公众对福利的一般看法，也特指公众对政府在再分配或福利责任中的观点。在本研究中，福利态度专指公众对政府福利责任的认同度或支持度。现有研究主要从三大理论视角进行解读：个人自利模型（包括家庭自利）、主观视角、意识形态/福利体制取向。下文将围绕这三个理论视角进行文献梳理，并据此形成本文的分析框架。

（一）个体自利模型

理性选择理论认为，个体在行动选择中趋向于以最小代价实现收益最大化。个体自利模型认为，身处弱势处境的个体更可能倾向于支持政府的福利责任（Hasenfeld and Rafferty，1989；Jaeger，2006）。更精确地说，福利获得者或潜在的福利对象更倾向于认同国家福利（Han，2012）。

比较一致的看法是，处于弱势境遇的人群包括女性、年轻人、非白人、低收入者、失业者、工作声望低者、健康状况较差者等群体（Robinson and Bell，1978；Hasenfeld and Rafferty，1989；Blekesaune and Quadagno，2003；Jaeger，2006；Pfeifer，2009；Ljunge，2011；Han，2012）。这些人群最可能从现有的福利项目中受益，也因而更为认同政府的再分配投入。

在宗教与福利国家发展之间的关系方面存在冲突性的观点。一种观点认为，宗教信奉者，尤其基督教徒、天主教徒等会更倾向于支持福利国家（Manow and van Kersbergen，2009）。另一种观点则认为，宗教和国家干预存在互斥关系，支持政府福利责任者更倾向于弱化宗教的作用（Morgan，2006；Guo and Gilbert，2014）。

同样，教育也是较为复杂的变量。一般认为，教育在资源获取上所产生的工具理性更容易驱使人们反对政府的福利投入（Andress and Heien，2001；Jaeger，2006；Guo and Gilbert，2014）。与之相对的观点则认为，受教育水平越高者会对社会结构加诸个体的作用更为自省，进而可能认同社会权利的价值理念，最终表现出支持政府再分配的结果（Han，2012）。

值得一提的是，现有研究发现，人们在进行福利态度选择时，并不完全出于个体自利。确切地说，个人自利还包含了家庭自利的内涵（Guo and Gilbert，2014），即人们会从家庭所处的客观生命周期进行理性选择。比如，家庭中有未成年人、未就业女性（劳动者）以及代际团结水平较高等都会激发他们对政府福利责任的支持度（Jaeger，2009；Goerres and Tepe，2010）。

（二）主观视角

理性行动者在确立最优策略时，除了考虑客观外在条件之外，也会从自身主观所感知的状态进行判断，并做出最优决策。一般而言，那些更加正向的自我评价者会更满足于当下的生活，故会比自我感知差者表达出更低水平的政府福利责任支持度（Whyte and Han，2008；Han，2012）。如果说，个体自利模型是从个人的客观外在角度对福利态度的影响进行着力，主观视角则主要基于个体的主观感受——即立足个体内在所感知的对生活现状的主观评价进行评判。从本质上看，主观视角是对客观个体自利模型的补充。

韩春萍对中国城乡居民的研究发现（Han，2012），对当下生活满意度高者更倾向于否定政府的再分配，但参照群体的影响却在城乡居民之间表现出不同的作用——对城市居民而言，比参照社群表现出更高评价者更倾向于否定政府的再分配；但对农村居民而言，无论是与邻近参照社群（亲属、老同学、同事和邻居）的比较还是与 5 年前的家庭生活比较，更正向的主观感受预测了对政府福利责任的更多支持。这可能源于城乡居民不同的价值观和前景展望。

现有研究还发现，社会公平的感知对政府福利责任的判断具有特别重要的作用（Hasenfeld and Rafferty，1989）。人们趋于相信，当社会环境不公平时，应该有更多的政府再分配；反之则相反。一项针对英、德、瑞典和匈牙利四国公众的福利态度研究也发现公众对公平的感知会影响到他们对国家责任的支持：当公民认为税负（较重）和收入差距（不大）较理想时，偏向于减弱政府的福利责任（黄叶青与余慧等，2014）。除了韩春萍从个体和社会结构两个角度对社会不公的归因进行测定外（Han，2012），现有研究还未将公众所感知的公平进行个体层面和社会环境层面的区分。

（三）意识形态/福利体制取向

意识形态或福利体制取向对福利态度的影响，其核心是考量不同国家的文化、价值观念对公平和正义的解读（Hasenfeld and Rafferty，1989；黄叶青与余慧等，2014）。现有研究多从两条主线展开，早期是从文化取向出发，认为不同的价值观念或政治意识形态对个体责任和国家责任有着不同的解读，这种看法决定了公众对国家福利责任的判断（Hasenfeld and Rafferty，1989；Jaeger，2006）。研究发现，对社会主流意识形态尤其是对社会权利的支持，可以预测公众对政府福利责任的认同度（Hasenfeld and Rafferty，1989；黄叶青与余慧等，2014）。

另一种面向则是从结构取向出发，学者们从西方福利国家的制度设计展开，认为不同的福利体制安排会对公众的福利态度产生不同影响（Jaeger，2009）。但是，现行研究并没有得出福利国家制度安排对公众态度影响的一致结论。在不同的福利国家体制，公众的福利态度仅表现出非常微弱的差异（Svallfors，1995；

Bean and Papadakis，1998）。更为重要的是，由于不同国家有不同的社会问题，对社会问题的理解和表达也不同，因此很难区分到底是个体还是国家层面的意识形态对公众的福利态度产生了影响（Blekesaune and Quadagno，2003）。Svllfors 通过对瑞典 1981—2010 年的历时性数据分析发现，尽管这期间瑞典政府的福利投入因经济危机发生过鲜明转向，但民众对政府责任的态度并没有表现出显著的差异（Svallfors，1995）。价值观念的改变是一个缓慢的过程。作为个体与社会结构双重作用的产物，公众的福利态度在一定程度上是延续且稳定的，很难澄清福利体制与福利态度之间到底孰因孰果。

政策反馈理论（Policy Feedback Theory）进一步提出，公众福利态度与福利政策或体制之间是一个双向互构的关系，并强调了制度化的政策安排在形塑公众福利态度过程中的作用（Jordan，2013）。Jordan 从类别化的福利项目角度出发，发现政治偏好与社会政策制度并非静态关系，而是动态的互构关系——在控制了个体和国家因素后，普遍型福利体制比选择性体制获得了更广泛的支持基础（Jordan，2013）。Funk（2000）的研究也发现，社会利益承诺对个人自利与政策偏好具有调节作用。也就是说，个体在进行政策偏好的选择时会同时权衡个体利益和社会利益，公众并不都是从个体自利角度进行选择的。

但是，无论是福利体制决定论还是政策反馈理论，都离不开历时性、跨国家的长期跟踪调查。

（四）分析框架

现代性的发展赋予了民众平等享有社会福利的权利。在西方，福利国家体制下相对普及的国家福利保障了每一位公民平等的福利权利。公众态度反映出政府制定社会福利政策的合法性，两者高度耦合。其所立足的前提是，民众享有平等的社会权利和政治权利。但在中国，限于城乡二元福利体制的隔阂和民主体制的不完备，社会大众的现代公民观念仍处于进行时。

现代性因素对一国国民社会心理具有重塑作用（周晓虹，2012）。对身处乡野和城市之间、传统与现代之间的农民工而言，外出务工、曝于和农村截然不同的城市环境（尤其是大众媒介），以及和城市居民之间的往来互动，等等，都无时无刻不冲击着他们旧有的观念和态度。

但是，观念的养成又非一朝一夕。也正因此，蒂特马斯曾特别指出，社会政策总是置于一定的社会文化环境中，一定要注意该社会的“主导文化和政治的特征”（毕天云，2005）。从文化角度看，以“差序格局”为特征的中国传统福利文化观念强调“个体–家庭自助”和“亲属–邻里互助”基础上的个体责任观念。尤其在农村，国家在农村社会福利体系中的长期缺位，严重弱化了民众对政府角色的期待。加上改革开放以后，深受全球新自由主义的深远影响，自由主义在“效率优先，兼顾公平”的指导原则下表现出强势主导性，逐步深入经济和社会生活的各个方面，形成了对个体自由选择和个人责任的重视，而社会福利发展领域也形成了更加重视效率的导向（钱宁，2008）。

在解释为何处于弱势境遇中的农村居民反而表现出更低的政府福利责任态度时，韩春萍指出，农村人口个体自利的客观外在变量远没有其他指标的影响深远，比如农村居民个体所感知的公平观念、对既有政府所提供的公共服务的依赖度、通过非官方信息传递所获知的有关“公平”信息等，这些都影响了农村居民对政府的角色期待（Han，2012）。

因此，本研究在纳入个体自利的主、客观因素基础上，重点纳入了意识形态观念——包括现代公民观念和传统福利文化观念，形成了本文的分析框架（见图 4–1）并试图回答，在影响农民工群体福利态度的因素中，到底是个体因素还是意识形态因素发挥了更大的作用。

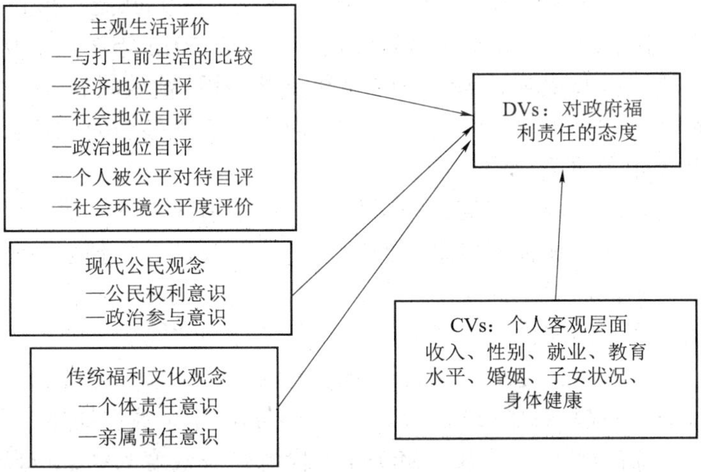

图 4–1　分析框架

在具体的分析框架中，本研究设计了三大层次的变量，第一层次是以个体自利取向的变量集，包括收入、性别、就业状况、教育水平、婚姻状况、子女状况、身体状况等。国内研究发现，公众对国家的福利责任态度并没有因其所获得的福利资源而呈现出显著差异性，或关联度较低（万国威，2015）。考虑到农民工群体的社会保险参与普遍较低，本研究没有纳入农民工享有社会保险的相关变量。

第二层次是在个体自利取向基础上的主观生活评价变量，包括与打工前生活的比较、经济地位自评、社会地位自评、政治地位自评、个人被公平对待自评、社会环境公平度评价。

第三层次主要是从意识形态角度设计的两大变量。一类是现代公民观念，包括公民权利意识、政治参与意识；第二类是传统福利文化观念，包括个体责任意识和亲属责任意识。

三、数据、变量与方法

（一）数据

北京是一个典型的外来务工人员聚居区。据 2010 年第六次全国人口普查数据，截止到 2010 年 11 月 1 日，在 1 961.2 万北京市常住人口中有 704.5 万外省市来京人员，其中外来务工人员为 400 万人，占常住人口的 20.4%（代丽丽，2011）。

考虑到北京市农民工数量庞大且极为分散，且人力、财力、物力的限制，调查主要采取的是判断抽样的方法。已有研究显示，北京市农民工主要集中在朝阳、海淀和丰台等城市功能拓展区，以此围成一个环状，呈放射状向外扩散；就业领域主要是餐饮业、居民服务业、建筑装饰业和零售业（尹德挺，2007）。为此，本研究主要在朝阳区、海淀区和丰台区发放问卷，并于 2012 年 3 月至 9 月完成了北京市农民工生活现状及福利意识形态的问卷调查。共计发放问卷 484 份，回收 484 份，有效问卷 407 份，有效率为 84.09%[①]。问卷采取直接访问法填答，即访员亲自访问被调查者并当面填写答案。

问卷内容主要涉及农民工的人口学信息、家庭情况、务工原因以及务工过程中遭遇的对待、对国家在福利供给方面的态度、自身是否受到公平对待、所处社会环境是否公正等。需要特别说明的是，问卷中测量农民工是否被公平对待以及其对社会环境公平度的评价采用了 Delbert 的“公正世界信念量表”。该量表由 13 个指标组成，可分为个体公平感、社会公平感两个分量表。经苏志强等人修订后的量表 Cronbach 系数超过了 0.8，分量表的 Cronbach 系数也均超过了 0.8，这说明该量表具有较高的信度；运用 AMOS4.0 检测量表效度的结果也显示其具有较好的结构效度（苏志强与张大均等，2012）。

（二）样本基本情况

在 407 个样本中，农民工的平均年龄为 32.52 岁，年龄最大者为 65 岁，最小者为 18 岁。其中，35 岁以下的新生代农民工共计 320 人，占样本量的 78.6%，也是北京农民工的主体。

本次调查中，男性农民工占 63.5%，女性占 36.5%。61.2%的农民工为已婚，未婚者占 38.8%。在已婚群体中，没有子女者占 13.3%，有子女者占 86.7%。被访农民工的文化程度以初中、高中（包括中专、职高、中技）为主，二者分别占 39.9%、36.4%；大专及以上文化程度占 15.8%，小学及以下仅占 7.9%。在宗教信仰方面，

① 问卷回收后，项目组按照性别、年龄、户籍等个人基本信息是否完整以及核心变量是否填写完整等标准对问卷进行筛选，有效问卷为 407 份。

16.4%的农民工有宗教信仰。被访农民工的就业领域主要集中在建筑业（16.7%）、家政保洁保安（16.7%）、批发零售业（14.5%）、住宿餐饮服务业（10.7%），调查期间没有固定工作的占22.2%。

（三）方法选择

本文使用多元线形回归方法（OLS）检验中国农民工对政府承担福利责任的态度。因变量为农民工对政府承担福利责任的态度，具体被操作化为两个问题，即政府应该在“缩小收入差距”、“发展更大规模的福利服务使每一位公民的生活得到较好的保障”两个方面承担的责任的大小（1=非常不同意，2=不同意，3=中立，4=同意，5=非常同意）。

自变量分别由自利因素、当前生活评价、现代性因素、传统福利文化因素构成（详见表4–1）。自利因素由性别、年龄、受教育程度、婚姻状态、子女情况、身体情况、就业情况、收入情况、家中土地数量构成。生活境况自评由目前生活与打工前生活比较、经济地位自评、社会阶层自评、政治地位自评、个人被公平对待自评、社会环境公平度评价这6个变量构成；其中个人被公平对待自评、社会环境公平度评价由问卷中“公正世界信念量表”计算而得①。现代性因素由公民权利意识（获得社会福利是每位公民的权利）、政治参与意识（如果有机会参加县长/区长的直接选举，我一定会积极参加投票）构成。传统福利文化因素由个人责任意识（每个人都应该为自己的生活负起最大责任）、亲属责任意识（当个人遇到问题时，亲属是最有责任提供帮助的）构成。

考虑到本文一个重要的任务是检验对农民工福利态度的影响因素，本研究采取了四步分析策略。首先在模型1中只纳入了自利变量进行估计；然后在模型1的基础上纳入对农民工福利态度有潜在影响的生活境况自评变量，形成模型2；之后在模型2的基础上纳入现代性变量，形成模型3；最后，纳入传统福利文化变量，以检验福利文化的影响程度。

表4–1　回归模型中自变量的描述性统计结果

自变量类别		样本	均值	最小值	最大值	解　释
性别	女性		参照组			
	男性	407	0.653 2	0	1	虚拟变量，1=男性
年龄	20岁以下		参照组			

① “公正世界信念量表”（Belief in A Just World Scale，BJW，苏志强等人翻译、修订后）由13个指标组成，分为个体公平感、社会公平感两个分量表，该量表为6级量表，在赋值方面，1=非常不赞同，2=比较不赞同，3=有点不赞同，4=有点赞同，5=比较赞同，6=非常赞同。

续表

自变量类别		样本	均值	最小值	最大值	解　释
年龄	21～30 岁	407	0.486 5	0	1	虚拟变量，1=21～30 岁
	31～40 岁	407	0.194 1	0	1	虚拟变量，1=31～40 岁
	41～50 岁	407	0.169 5	0	1	虚拟变量，1=41～50 岁
	50 岁以上	407	0.078 6	0	1	虚拟变量，1=50 岁以上
受教育程度	小学		参照组			
	初中	407	0.395 6	0	1	虚拟变量，1=初中
	高中	407	0.361 2	0	1	虚拟变量，1=高中
	大专及以上	407	0.157 2	0	1	虚拟变量，1=大专及以上
婚姻状况	未婚		参照组			虚拟变量，1=已婚
	已婚	407	0.611 8	0	1	
子女情况	无子女		参照组			
	有未成年子女	407	0.344 0	0	1	虚拟变量，1=有未成年子女
	有成年子女	407	0.189 2	0	1	虚拟变量，1=有成年子女
身体情况①		407	4.88	1	6	1～6 分序列变量 1=身体有严重疾病 6=身体非常健康
就业情况	无固定工作		参照组			
	建筑业	407	0.164 6	0	1	虚拟变量，1=建筑业
	运输仓储及邮电通信业	407	0.054 1	0	1	虚拟变量，1=运输仓储及邮电通信业
	批发零售业	407	0.142 5	0	1	虚拟变量，1=批发零售业
	住宿餐饮业	407	0.105 7	0	1	虚拟变量，1=住宿餐饮业
	家政保洁保安	407	0.164 6	0	1	虚拟变量，1=家政保洁保安
	加工制造业	407	0.041 8	0	1	虚拟变量，1=制造加工业
	其他行业	407	0.093 4	0	1	虚拟变量，1=其他领域

① 因“身体情况”有效个案为 305，缺失值（102，25.1%）所占比例过大，本文采用期望最大化法（Expectation Maximization）对缺失值进行了插补。

续表

自变量类别		样本	均值	最小值	最大值	解　　释
收入情况	0～1 200 元		参照组			
	1 201～2 000 元	407	0.341 5	0	1	虚拟变量，1=1 201～2 000 元
	2 001～3 000 元	407	0.373 5	0	1	虚拟变量，1=2 001～3 000 元
	3 001 元及以上	407	0.167 1	0	1	虚拟变量，1=3 001 元及以上
家里土地数量		362	5.33	0	25	连续变量（亩）
目前生活与打工前生活比较		381	3.485 6	1	4	1～4 分序列变量 1=比打工前差了很多 2=比打工前差了一些 3=和打工前一样 4=比打工前好了很多
经济地位自评		366	3.095 6	1	10	1～10 分序列变量
社会地位自评		369	3.035 2	1	10	1～10 分序列变量
政治地位自评		365	2.267 1	1	10	1～10 分序列变量
个人被公平对待自评		365	25.901 4	7	39	连续变量
社会环境公平度评价		364	24.167 6	6	36	连续变量
公民权利意识（获得社会福利是每位公民的权利）		381	3.973 8	1	5	1～5 分序列变量 1=非常不同意 2=不同意 3=中立 4=同意 5=非常同意
政治参与意识（如果有机会参加县长/区长的直接选举，我一定会积极参加投票）		367	2.844 7	1	4	1～4 分序列变量 1=非常不同意 2=不同意 3=同意 4=非常同意
个人责任意识（每个人都应该为自己的生活负起最大责任）		381	4.115 5	1	5	1～5 分序列变量 1–非常不同意 2=不同意 3=中立 4=同意 5=非常同意

续表

自变量类别	样本	均值	最小值	最大值	解　释
亲属责任意识（当个人遇到问题时，亲属是最有责任提供帮助的）	383	3.644 9	1	5	1～5 分序列变量 1=非常不同意 2=不同意 3=中立 4=同意 5=非常同意

四、研究发现

（一）农民工对政府承担福利责任的基本态度

农民工对政府承担福利责任的基本态度见表 4–2。

表 4–2　农民工对政府承担福利责任的基本态度

项目	政府提供福利的目标应该是缩小贫富差距			政府应该发展更大规模的福利服务		
变量	样本	均值	标准差	样本	均值	标准差
女性	141	4.106 4	0.976 16	138	4.007 2	0.814 97
男性	242	4.074 4	0.952 53	236	4.072 0	0.787 60
20 岁及以下	25	3.800 0	0.866 03	24	4.000 0	0.780 19
21～30 岁	187	4.155 1	0.917 29	182	4.000 0	0.853 98
31～40 岁	79	4.189 9	0.878 17	78	4.051 3	0.754 16
41～50 岁	66	3.924 2	1.154 40	64	4.187 5	0.774 08
50 岁以上	30	4.033 3	0.964 31	30	4.166 7	0.592 09
小学及以下	31	3.967 7	1.196 77	30	3.766 7	1.040 00
初中	154	4.058 4	0.901 97	146	3.965 8	0.800 12
高中、中专	144	4.145 8	0.908 15	144	4.180 6	0.725 68
大专及以上	55	4.200 0	1.025 60	55	4.109 1	0.785 82
合计	387	4.090 4	0.957 43	378	4.055 6	0.797 60

就中国农民工对政府承担福利责任的态度，“政府提供福利的目标应该是缩小贫富人差距”平均得分为 4.09；“政府应该发展更大规模的福利服务使每一位公民的生活得到较好的保障”平均得分为 4.06，可见农民工对政府应承担的福利责任持支持和肯定的态度。

（二）影响农民工对“政府提供福利的目标应该是缩小贫富差距”态度的因素分析

影响农民工对政府承担福利责任的态度的 OLS 回归系数见表 4–3。

表 4–3　影响农民工对政府承担福利责任的态度的 OLS 回归系数

（因变量：政府提供福利的目标应该是缩小贫富差距）

自变量	模型 1（样本=343）		模型 2（样本=294）		模型 3（样本=282）		模型 4（样本=279）	
自利因素	B	Beta	B	Beta	B	Beta	B	Beta
性别（女）	–.138	–.071	–.083	–.044	–.110	–.059	–.104	–.057
21～30 岁（20 岁以下）	.362	.195	.398	.219	.349	.198	.238	.135
31～40 岁	.399	.173	.319	.145	.152	.071	.070	.033
41～50 岁	.244	.099	.206	.083	.047	.020	–.012	–.005
50 岁以上	.318	.091	.089	.026	–.055	–.017	–.197	–.059
初中（小学）	.201	.107	.047	.026	.016	.009	.004	.002
高中	.153	.080	–.004	–.002	–.053	–.029	–.010	–.006
大专及以上	.292	.107	.116	.045	.082	.033	.077	.032
建筑业（无固定工作）	.092	.038	.103	.043	.159	.068	.253	.109
运输仓储及邮电通信业	.424	.105	.312	.076	.395	.101	.460*	.118*
批发零售业	–.188	–.071	–.097	–.039	–.046	–.019	.036	.015
住宿餐饮业	–.141	–.048	–.370*	–.125*	–.393**	–.136**	–.341*	–.118*
家政保洁保安	–.115	–.048	–.226	–.097	–.051	–.023	.026	.012
加工制造业	.147	.028	.146	.029	.092	.019	.193	.041
其他行业	.061	.018	.085	.027	.143	.046	.206	.066
1 201～2 000 元（1 200 元以下）	–.081	–.041	–.102	–.054	–.164	–.089	–.218	–.119
2 001～3 000 元	–.035	–.019	–.235	–.127	–.236	–.132	–.304	–.170
3 001 元及以上	–.279	–.114	–.404*	–.166*	–.435**	–.183**	–.546**	–.226**
婚姻状况（未婚）	–.107	–.056	–.209	–.110	–.312	–.170	–.333*	–.181*

续表

自变量	模型 1（样本=343）		模型 2（样本=294）		模型 3（样本=282）		模型 4（样本=279）	
自利因素	B	Beta	B	Beta	B	Beta	B	Beta
有未成年子女（无子女）	.201	.104	.302	.162	.494**	.274**	.513**	.285**
有成年子女	.059	.025	.194	.080	.355	.154	.386	.169
身体情况	.118	.110	.006	.006	–.004	–.004	–.024	–.023
家里土地数量（亩）	.001	.004	.016	.075	.007	.034	.006	.027
生活境况自评因素								
目前生活与打工前生活比较			.125	.091	.170**	.128**	.171**	.129**
经济地位自评			.183**	.328**	.151**	.281**	.158**	.293**
社会地位自评			–.166**	–.333**	–.178**	–.367**	–.176**	–.363**
政治地位自评			.008	.019	.008	.019	.008	.018
个人被公平对待自评			.020*	.161*	.018	.142	.019	.153
社会环境公平度评价			.011	.076	.006	.041	.010	.068
现代性因素								
公民权利意识					.175**	.175**	.164**	.162**
政治参与意识					.163**	.118**	.148*	.107*
传统福利文化因素								
个人责任意识							.193**	.154**
亲属责任意识							–.049	–.052
模型汇总	R^2=0.074，调整 R^2=0.007 Durbin waston=1.875 模型检验不显著		R^2=0.203，调整 R^2=0.116 Durbin waston=1.989 模型检验显著		R^2=0.264，调整 R^2=0.173 Durbin waston=2.027 模型检验显著		R^2=0.308，调整 R^2=0.215 Durbin waston=2.064 模型检验显著	
共线性检验	VIF 得分均小于 7							

注：$*p<0.1$ $**p<0.05$。括号内为参照组。

针对影响农民工群体关于政府在“缩小贫富差距”方面承担责任的因素，本研究将自利因素、当前生活评价因素、现代性因素以及传统福利文化因素分别纳入 OLS 多元回归模型，共建立了 4 个模型。

模型 1 检测了自利因素对农民工福利态度的影响，检验结果显示不显著。这表明由性别、年龄、受教育程度、婚姻状态、子女情况、身体情况、就业情况、收入情况、家中土地数量等变量构成的自利因素对农民工对政府在“缩小贫富差距”方面承担责任的态度影响不显著。

模型 2 引入了农民工对当前生活境况的评价，模型解释力度为 0.116，显示这一类型变量对农民工的福利态度有较大影响。生活境况自评的 6 个变量中，“经济地位自评”“个人被公平对待自评”“社会地位自评”影响显著，前两者的回归系数是正向，社会地位自评是负向。打工后经济情况较好、个人被公平对待的农民工，对政府在“缩小贫富差距”方面承担更多责任有较高期待；而社会地位自评得分越高的农民工，对政府责任期待越低。另外，控制了生活境况变量后，自利因素中，“住宿餐饮业”、收入在“3 001 元及以上”这两个虚拟变量的影响显著，但回归系数是负向，表明就业类型是住宿餐饮业、经济收入越高的农民工，对政府在缩小贫富差距方面的责任期待越低。

模型 3 引入了现代性因素，模型解释力度提升至 0.173，比模型 2 高近 6 个百分点，表明现代性因素对农民工关于政府承担福利责任的态度有较为显著的影响。公民权利意识、政治参与意识越高的农民工，越认同政府的福利责任。另外，控制现代性因素后，自利因素中，“住宿餐饮业”、收入为“3 001 元及以上”的影响继续显著，且回归系数（为负值）有小幅度的下降，表明这两个群体的农民工对政府福利责任的期待有一定的提升；同时，“有未成年子女”这一因素的影响凸现，表明这类农民工对政府的责任期待更高。生活境况自评因素中，“个人被公平对待自评”这一因素的影响不再显著，而“目前生活与打工前生活比较”这一因素的影响凸现，打工后生活改善的农民工对政府缩小贫富差距的期待更高。另外，“经济地位自评”“社会地位自评”这两个因素的影响依然显著，但是经济地位自评的影响力度减弱，而社会地位自评这一变量的回归系数有了微弱提高。

模型 4 引入了传统福利文化因素，模型解释力度提升至 0.215，比模型 3 高了 4 个百分点，那些认为个人应当在福利供给中承担重要责任的农民工，也倾向于支持政府的福利责任。控制了传统福利文化因素后，“住宿餐饮业”的影响依然显著，而“运输仓储及邮电通信业”这一就业类型的影响开始凸显。另外，“婚姻状况”这一变量的影响出现，因其回归系数为负值，表明已婚农民工对政府的福利责任期待低于未婚农民工。在生活境况自评因素中，“目前生活与以往生活比较”“社会地位自评”“经济地位自评”的影响依然显著，且前两个因素的回归系数均有一定提高，表明在控制传统福利文化因素后，对当前生活比较满意、经济地位自评较高的农民工对政府承担福利责任的期待有一定程度的提升。现代性因素中，

“政治参与意识”“公民权利意识”影响依然显著，但是回归系数有所降低。

对比模型 1 至模型 4 解释力度的变化，可以发现，四类自变量中，除了自利因素，其他三个因素对因变量 1 的影响均显著，其中“生活境况自评”的影响力度最大。生活境况自评因素中，“目前生活与以往生活比较”“经济地位自评”“社会地位自评”三个因素的影响比较突出；现代性因素中，“公民权利意识”“政治参与意识”影响均显著；传统福利文化因素中，“个人责任意识”影响显著。

（三）影响农民工对“政府应该发展更大规模的福利服务”态度的因素分析

影响农民工对“政府应该发展更大规模的福利服务”态度的 OLS 回归系数见表 4–4。

表 4–4　影响农民工对“政府应该发展更大规模的福利服务”态度的 OLS 回归系数
（因变量：政府应该发展更大规模的福利服务）

自变量	模型 1（N=335）		模型 2（N=290）		模型 3（N=279）		模型 4（N=276）	
自利因素	B	Beta	B	Beta	B	Beta	B	Beta
性别（女）	.039	.023	.030	.018	.023	.014	.019	.012
21～30 岁（20 岁以下）	–.139	–.085	–.115	–.074	–.134	–.086	–.125	–.082
31～40 岁	–.160	–.080	–.264	–.139	–.390*	–.207*	–.396*	–.214*
41～50 岁	.031	.014	.014	.006	.001	.001	.028	.013
50 岁以上	–.027	–.009	–.141	–.048	–.395	–.134	–.389	–.135
初中（小学）	.292*	.176*	.507**	.317**	.464**	.291**	.442**	.280**
高中	.540**	.322**	.797**	.493**	.708**	.441**	.628**	.398**
大专及以上	.617**	.262**	.748**	.340**	.570**	.262**	.567**	.265**
建筑业（无固定工作）	.251*	.119*	.176	.085	.206	.101	.138	.069
运输仓储及邮电通信业	.022	.006	–.055	–.016	–.036	–.011	–.064	–.019
批发零售业	.082	.035	–.045	–.021	.015	.007	–.048	–.022
住宿餐饮业	–.031	–.012	–.057	–.022	.028	.011	–.053	–.021
家政保洁保安	–.113	–.054	–.213	–.107	.037	.019	–.034	–.017
加工制造业	.510*	.112*	.415	.097	.286	.068	.249	.061
其他行业	.184	.062	.217	.079	.252	.091	.166	.061
1 201～2 000 元（1 200 元以下）	–.067	–.039	.109	.066	.074	.045	.105	.066

续表

自变量	模型 1（N=335）		模型 2（N=290）		模型 3（N=279）		模型 4（N=276）	
自利因素	B	Beta	B	Beta	B	Beta	B	Beta
2 001～3 000 元	–.086	–.052	.031	.019	.054	.034	.101	.065
3 001 元及以上	–.136	–.063	–.050	–.024	–.074	–.035	–.020	–.010
婚姻状况（未婚）	.287*	.170*	.248	.151	.196	.120	.218	.135
有未成年子女（无子女）	.036	.021	.003	.002	.044	.028	–.004	–.003
有成年子女	–.012	–.006	–.093	–.045	–.089	–.044	–.154	–.077
身体情况	–.042	–.045	–.079	–.087	–.060	–.066	–.047	–.052
家里土地数量（亩）	.002	.008	–.001	–.005	–.009	–.049	–.004	–.023
生活境况自评因素								
目前生活与打工前生活比较			.020	.017	.044	.037	.019	.017
经济地位自评			.042	.087	–.030	–.063	–.028	–.060
社会地位自评			.014	.032	.037	.085	.052	.121
政治地位自评反转后			–.009	–.024	.014	.037	.011	.029
个人被公平对待自评			.013	.121	.018*	.165*	.020**	.179**
社会环境公平度评价			.004	.034	–.010	–.080	–.016	–.128
现代性因素								
公民权利意识					.424**	.478**	.381**	.434**
政治参与意识					.141**	.114**	.144**	.119**
传统福利文化因素								
个人责任意识							.014	.013

续表

自变量	模型 1（N=335）		模型 2（N=290）		模型 3（N=279）		模型 4（N=276）	
自利因素	B	Beta	B	Beta	B	Beta	B	Beta
亲属责任意识							.129**	.156**
模型汇总	R^2=0.102，调整 R^2=0.036 Durbin waston=2.004		R^2=0.165，调整 R^2=0.071 Durbin waston=1.960		R^2=0.372，调整 R^2=0.293 Durbin waston=1.948		R^2=0.376，调整 R^2=0.291 Durbin waston=1.960	
共线性检验	VIF 得分均小于 7							

注：*p＜0.1 **p＜0.05。括号内为参照组。

在影响农民工对“政府应该发展更大规模的福利服务”态度的因素方面，自利因素中教育、职业、婚姻状况对农民工的福利态度有一定影响。文化程度是初中、高中和大专及以上，职业是建筑业、加工制造业、已婚的农民工，更为支持政府发展更大规模的福利服务。

引入生活境况自评因素后，模型 2 的解释力度提升至 0.071，但自评因素的 6 个变量均检验不显著。值得注意的是，控制生活境况自评因素后，自利因素中，受教育程度（初中、高中、大专及以上）的影响继续显著，职业（建筑业、加工制造业）、婚姻状况的影响不再显著，这表明教育因素是促使模型 2 解释力度提升的主要原因。

引入现代性因素后，模型 3 的解释力度提高至 0.293，比模型 2 高了 22 个百分点，表明现代性因素是影响农民工福利态度的重要变量，其中“公民权利意识”的影响大于“政治参与意识”。控制现代性因素后，自利因素中受教育程度的影响继续显著，但是回归系数低于模型 2，表明在控制现代性因素后，教育因素的影响有一定的下降；另外，年龄这一因素的影响开始出现，31～40 岁的农民工不太支持政府发展更大规模的福利服务。生活境况自评因素中，“个人被公平对待自评”这一因素的影响显著，那些觉得自己被公平对待的农民工更倾向于政府发展更大规模的福利服务。

引入传统福利文化因素后，模型 4 的解释力度几乎没有变化，表明传统福利文化对农民工的福利态度一定的影响，但影响很低。两个自变量中，只有“亲属责任意识”这一变量检验显著，“个人责任意识”变量检验不显著。引入传统福利文化因素后，教育、年龄、个人被公平对待自评、公民权利意识、政治参与意识这几类变量的影响继续显著，但是年龄（31～40 岁）、教育、公民权利意识的影响力度有所下降。

针对“政府应该发展更大规模的福利服务”这一因变量，四类自变量的影响均显著，现代性因素的影响最大，“获得社会福利是每位公民的权利”这样的公民权利意识是影响农民工关于政府是否发展福利服务态度的主导因素。

（四）小结

总体来看，自利因素、生活境况自评、现代性因素、传统福利文化四类自变量对农民工关于政府在福利供给方面的态度均有影响。其中，“生活境况自评”因素对因变量 1（政府提供的福利目标应该是缩小贫富差距）的影响力度最大，“现代性因素”对因变量 2 的影响最大；“传统福利文化”对因变量 1 的影响高于对因变量 2 的影响，但是影响力较弱（见图 4–2）。

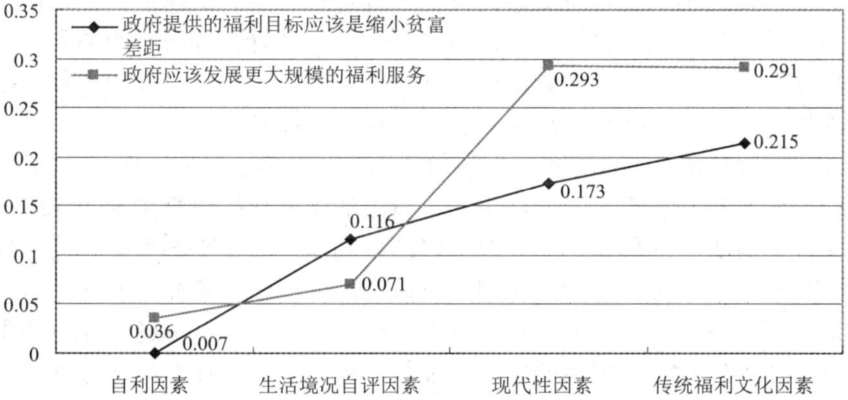

图 4–2　回归方程解释力度变化折线图

五、结论与启示

福利态度是基于微观层面个体自利和意识形态混合作用的产物（Blekesaune and Quadagno，2003；Brooks and Brady，1999；Guo and Gilbert，2014）。这表明，福利态度的养成，是一种基于即时性自利判断和历时性外在力量塑造的共同结果。一方面，个体会从自身当下的主客观出发进行理性选择；另一方面，这种判断又受制于个体在社会环境的长期熏陶中所养成的社会公平价值观。诚如政策反馈理论所言，舆情影响了政府的再分配投入行为；政策的实施反过来又影响民众的福利态度，进而又影响他们对相关社会政策的理解和参与。对政府而言，知晓农民工群体的福利态度可以客观把握农民工的表达性需求和比较性需求，进而制定和实施适应的政策进行有效回应。因此，把握农民工群体的福利态度特征和影响因素至关重要。

本研究基于西方既有研究，在控制了个体自利（客观）的影响后，分层检验了主观感受和意识形态对农民工福利态度的影响。本研究选取了和国际上测量“政府福利责任”态度较为接近的两个单维度因变量——“政府提供福利的目标应该是缩小贫富差距”“政府应该发展更大规模的福利服务使每一位公民的生活得到较好的保障”。本文初步得出如下结论：

第一，个体自利因素对农民工福利态度有一定影响，但是非常微弱。在生活境况自评因素、现代性因素、传统福利文化的影响下，针对“政府提供福利的目标应该是缩小贫富差距”，月收入高于 3 001 元者、从事住宿餐饮业、已婚的农民工（相对无固定工作者）更趋向于不支持政府的再分配投入；家中有未成年子女者相对无子女者持更高的支持态度。而针对“政府应该发展更大规模的福利服务使每一位公民的生活得到较好的保障”，从事建筑业、加工制造业的农民工相对无固定工作者对政府福利责任持更高的支持态度，这可能和这两个行业的风险较高有关；与其公民权利意识直接关联，教育水平越高者越支持政府的福利责任、更认同政府在达成社会公平中的责任。另外，出于照顾子女、家庭的责任和压力，已婚的农民工也更倾向于支持政府发展更大规模的福利。

第二，主观视角在“政府提供福利的目标应该是缩小贫富差距”得到了验证，但并不完全符合自利假设。当农民工在个体生活中感受到更直接的个体公平对待时，会对政府有更高的信任，进而对政府的福利责任有了更多希冀。而当他感知到社会环境存在不公时，也会更强烈要求政府的福利干预和介入。这与当下农民工群体的经济待遇和社会形象都较低有关；而且，农民工群体通过在日常生活中与城市群体的比较看到了更多的生活和福利落差，也因此在个体感知到更高的公平待遇后对政府有了更多的期待。

社会地位自评和福利态度的支持度呈反向关系。这是因为，相对经济地位自评，社会地位自评是农民工对个体在社会中所处位置的更综合评价，自评社会地位越高者越倾向于弱化政府的福利责任态度，这符合自利假设。针对“政府应该发展更大规模的福利服务使每一位公民的生活得到较好的保障”，尽管主观视角没有显著影响，但个体公平和社会公平对因变量的影响方向与因变量 1 是一致的。

第三，数据结果验证了意识形态对农民工福利态度的显著影响。对于“政府提供福利的目标应该是缩小贫富差距”和“政府应该发展更大规模的福利服务使每一位公民的生活得到较好的保障”，公民权利意识、政治参与意识越高者，越倾向于支持政府的福利投入；但在控制了传统福利文化的影响后，这两个因素的作用均有一定的减弱。

第四，在对两大因变量的影响中，四大层次的变量体现出不同的影响力大小。对于因变量“政府提供福利的目标应该是缩小贫富差距”，作用最大的是“生活境况自评”因素，其中“目前生活与以往生活比较”“经济地位自评”“社会地位自评”三个因素的影响均比较突出；而对“政府应该发展更大规模的福利服务使每一位公民的生活得到较好的保障”而言，影响较大的则是现代性因素——公民权利意识和政治参与意识。这与两个因变量所倡导的政府在福利责任中的不同导向有关，变量 1 更多的是公平导向，而变量 2 则是权利取向。

本研究对未来研究的启示之一是，在测定政府的福利责任态度时，要从两方面进行拓展：一方面，要通过量表或指数形成反映福利态度的科学工具；另一方面，结合政府在不同领域的福利责任，形成类别化的测量工具，分类测定。此外，结合本研究中个人公平感知和社会公平感知之间的不同影响方向，可从个体自利和逆境生活体验通过社会民主价值观念而传导于福利态度的思路（Hasenfeld and Rafferty，1989）进行拓展，未来可进一步探讨社会民主观念在个体自利、逆境生活体验和福利态度之间是否存在调节作用，以此揭开内在的作用机理。

第五章
新生代农民工社会福利意识现状及特点

第六次全国人口普查结果显示，我国新生代农民工总人数为 8 487 万，占全部外出农民工总数的 58.4%①，以“80 后”“90 后”为代表的新生代农民工已然成为我国农民工的主体。同老一代农民工相比，新生代农民工自主意识强、拥有更为丰富的城市生活经验，他们倾向于融入城市社会生活、谋求自身发展和实现自我价值，而不愿回乡务农。这种变化使得多个城市建立在“农民工返乡”假设和“自由主义”福利模式上的农民工社会保障制度的实施效果不佳。社会福利意识是一个社会或群体所具有的关于社会福利的价值体系，包括如何看待社会福利、社会福利的责任观、获得社会福利的正当性等问题，其是个人对社会福利定型化的思考模式与观念，一旦形成再促使其改变是非常缓慢与不易的②。社会福利意识不但能引导个人审视与评判社会福利的现况，且能够作为社会福利未来发展的参考依据。国外大量的研究均已证明，社会福利意识是影响社会福利体系效能的直接因素，在塑造一个国家的社会福利政策体系中具有重要作用。那么，新生代农民工到底如何看待社会福利政策？社会福利的供给主体应该由谁组成？哪些群体才能获得社会福利？具体剖析我国新生代农民工对社会福利最基础、最根本的价值理念，即福利意识，对于深层次了解社会福利政策、改进政策效果，具有突出的实践和理论意义。

---

① 国家统计局住户调查办公室. 新生代农民工的数量、结构和特点［EB/OL］. http://www.stats.gov.cn/tjfx/fxbg/t20110310_402710032.htm.

② 王思斌. 底层贫弱群体接受帮助行为的理论分析［A］. 中国社会工作研究（第四辑）［C］. 北京：社会科学文献出版社，2006.

一、核心概念及操作化结果说明

（一）社会福利意识的界定

国内学者王思斌认为，社会福利意识不但能引导个人审视与评判社会福利的现况，且能够作为社会福利未来发展的参考依据[①]。台湾学者林万亿认为福利意识是指一组对福利的意见、态度、价值，以及一种关于人与社会的思考方式[②]。谢美娥在林的基础上，进一步对社会福利意识进行了明确界定，即社会福利意识是影响社会福利发展的一套逻辑性概念组合，也就是社会大众对于社会福利的意见、信仰、态度和价值的组合体，用以思考人与社会福利的关系，可以引导认知社会福利，提供对社会福利现况评估和未来社会福利发展的概念组合[③]。吕宝静则从国家与福利的角度来界定社会福利意识，认为"社会福利意识是一组共享的社会福利理念，其用来解释与批判政策。易言之为一组对福利国家的构思。通常这组社会福利的意识指涉国家对社会福利介入的深度与广度，而其形成受到国家的组成、文化以及政治经济结构与发展的影响。"[④]

综上可以看到，虽然学术界关于福利意识的界定存在分歧，但学者们均认同了福利意识是社会成员对福利的基本看法和判断这一共通特征。基于对学术界关于社会福利意识不同界定的梳理，本研究认为，社会福利意识是社会成员个体关于获得社会福利的正当性、福利产品的分配原则、福利产品的供给主体、福利产品的供给方式等方面定型化的意见和态度。

（二）社会福利意识的操作化

社会福利意识是一个复杂的概念，不同学者从多个维度对其进行了操作化，形成了不同的指标体系和测量量表。

台湾学者李明政认为，社会福利意识的结构包括对人性或人类需要、对基本的社会价值、对国家的性质、对政府的角色，以及对经济制度的偏好等价值或信仰。模型的建构者根据这些基本价值或信仰来推演国家或政府干预的社会问题、诠释社会问题的可能成因，并推出社会政策应有的做法，或福利国家的何去何从

---

① 王思斌. 底层贫弱群体接受帮助行为的理论分析［A］. 中国社会工作研究（第四辑）［C］. 北京：社会科学文献出版社，2006.

② 林万亿. 影响台湾民众社会福利态度的因素［J］. 台湾大学社会学刊，1997（25）.

③ 谢美娥. 大台北地区一般民众与低收入民众社会福利意识型态与社会福利需求之比较研究［J］. 台湾大学社会学刊，1995（24）.

④ 吕宝静. 社会福利的意识形态［A］. 台湾地区社会意向调查八十年六月专题调查报告［C］. 台北："中研院"中山人文社会科学研究所，1991.

的对策主张①。林万亿将社会福利意识区分为四类，分别为“组合国家主义”“自由主义”“社会民主主义”和“传统慈善”，并基于此制作了社会福利意识形态量表。澳门学者赖伟良综合了 Vic George、Paul Wilding、Fiona Williams 和李明政的讨论，建构了由“价值观层面”“理解社会安排和问题层面”和“社会政策理念层面”三个维度组成的社会福利意识量表，并以此量表为基础对澳门市民的福利意识进行了测量②。

本研究中，笔者根据赖伟良的测量量表，针对农民工群体的特征进行了本土化改造，设计了“农民工社会福利意识测量量表”（见表 5–1）。该量表总计包含 18 条操作性语句，让受访者选择回答：“十分同意”“同意”“中立”“不同意”和“十分不同意”，分别记为 5、4、3、2、1 分。

表 5–1　社会福利意识的结构内容及指标

指标结构	指标定义	操作化语句（赖氏量表）	操作化语句（本次研究）
价值观层面	对一些社会价值观的认同程度（如自由、社会平等、社会公正、个人主义及集体主义）	社会公正：（1）政府提供社会福利的目标应该是拉近贫富差距；（2）贫富差距扩大是一个不公平的社会现象。 个人主义：（1）个人都应为她/他们的生活负起最大责任；（2）个人遇到问题时，家庭是最有责任提供协助的； 集体主义：（1）政府应该不论贫富，保障每一位公民的基本生活需要；（2）领取政府救济金并不代表自己失败	社会公正：（1）政府提供社会福利利的目标应该是缩小贫富差差距。（2）穷人和富人之间的差距越来来越大是不公平的。 个人主义：（1）每个人都应该为自自己的生活负起最大责任。（2）当个人人遇到问题时，亲属最有责任提供帮助助。 集体主义：（1）不管是穷人还是富人，政府都应该保障他们的基本生活需要。（2）领取政府救济金并不代表自己失败
对社会问题成因的看法	对社会问题成因及对策的理解（以失业问题为例）	（1）个人的失业问题主要由整体社会环境所导致； （2）政府必须协助每一位失业者解决其失业问题	（1）个人的失业问题主要是由社会造成的。 （2）政府必须保障每个人的就业机会
对社会政策的理解和态度	对社会福利的基本态度	（1）政府应有限度地提供社会福利，以免削弱个人自食其力的能力； （2）政府应该发展更大规模的福利服务，使每一位市民的生活得到最佳保障	（1）政府应该首先重视经济政策，然后才是社会福利政策。 （2）政府应该有限度地提供社会福利，以免出现养懒汉的现象。 （3）政府应该发展更大规模的福利服务，使每一位公民的生活得到较好的保障

① 李明政. 意识形态与社会政策［M］. 台湾：洪叶文化事业有限公司，1998.

② 赖伟良. 澳门市民的福利意识形态：中间路线取向［A］. 中国社会工作研究（第二辑）［C］. 北京：社会科学文献出版社，2004.

续表

指标结构	指标定义	操作化语句（赖氏量表）	操作化语句（本次研究）
对社会政策的理解和态度	对福利供给主体的偏好	（1）政府应该负担绝大部分的社会福利经费； （2）在提供福利服务时，政府可向较为富裕的市民收回服务成本； （3）社会福利最应该由慈善团体及志愿机构提供，而非政府； （4）在提供福利方面，雇主的责任应比政府大	（1）在提供社会福利时，政府应该向有钱的人收取服务成本； （2）社会福利主要应由社会公益组织提供，而不是政府； （3）福利主要应由乡村集体、工作单位提供； （4）商业保险比政府的社会保障更必要、更有效
	对福利分配原则的偏好	普遍性提供方式：（1）领取社会福利是每位澳门市民的权利；（2）不论贫富，所有人都可以接受政府的社会福利服务 选择性提供方式：（1）政府的社会福利只应提供予最不能帮助自己的人；（2）以经济条件来决定能否接受社会福利是最适当的做法	普遍性提供方式：获得社会福利是每一位公民的权利。 选择性提供方式：政府的社会福利应当只提供给那些生活最困难的人

资料来源：赖伟良．澳门市民的福利意识形态：中间路线取向［A］．中国社会工作研究（第二辑）［C］．北京：社会科学文献出版社，2004：135.

二、研究方法及调查对象基本情况

第六次全国人口普查数据显示，北京市常住人口为 1 961.2 万人，其中外省市来京人员为 704.5 万人，外来务工人员为 400 万人，其中新生代农民工的比例接近 60%[①]。由此可见，北京是一个典型的外来务工人员聚居区。

笔者于 2012 年 9 月至 12 月进行了来京务工新生代农民工生活现状及福利意识的问卷调查。考虑到来京务工农民工数量庞大且极为分散，且人力、财力、物力的限制，调查主要采取的是判断抽样的方法。已有研究显示，北京市外来务工人员主要集中在朝阳、海淀和丰台等城市功能拓展区，以此围成一个环状，呈放射状向外扩散；在就业领域，主要是餐饮业、居民服务业、建筑装饰业和零售业[②]。

① 代丽丽．北京外来人口约 700 万，今起调查其就业状况［N］．北京晚报，2011-4-21.

② 尹德挺．北京市流动人口的空间流动和职业流动［J］．北京社会科学，2007（4）.

为此，笔者主要在朝阳区、海淀区和丰台区发放问卷。

笔者共计发放问卷 400 份，回收 400 份，有效问卷 320 份，有效率为 80%。需要检讨的是，因为本次调查并非严格意义上的随机抽样，无法保证调查结果反映来京务工的新生代农民工的总体情况。

在 320 个新生代农民工样本中，平均年龄为 25.2 岁，年龄最大者是 32 岁，最小者是 16 岁。其中，16～20 岁占 10.9%，21～25 岁占 43.4%，26～30 岁占 35.9%，31～32 岁占 9.7%。在性别结构方面，本次调查的新生代农民工中男性比例为 57.7%，女性为 43.3%，男性明显高于女性。在婚姻状况方面，农民工中已婚人口居多，已婚人口占调查总人数的 41.6%。

在文化程度上，被访新生代农民工的文化程度以高中文化程度（包括中专、职高、中技）为主，占 37.2%；其次是初中文化程度，占 30.6%；大专及以上文化程度排在了第三位，占 27.3%；小学及以下占了 2.5%。

在就业方面，被访新生代农民工当前的就业领域主要是批发零售业（21.2%）、住宿餐饮业（16.1%）、家政保洁保安（15.8%）、建筑业（15.2%）。在收入方面，21.1%的被访新生代农民工 2011 年个人平均月收入在 3 000 元以上，排在了第一位；其次是 1 500～2 000 元，有 20.4%的被访者的收入在该收入段；排在第三位的是 2 001～2 500 元，有 20.1%的被访者收入在该收入段；2 501～3 000 元这一收入段排在第四位，有 15.1%的被访者收入在此收入段。另外，月收入在 1 200 元以下的也占了调查总人数的 9.9%。整体来看，有一半的新生代农民工月收入在 1 500～3 000 元。

三、新生代农民工社会福利意识现状及特点

（一）新生代农民工在社会价值观上的选择

社会公正是社会政策的理念基础。“公正是社会政策的基本理念依据，社会政策则是公正在社会领域的具体化[①]。”调查显示（详见表5-2），共有 79.0%被访新生代农民工表示同意或十分同意“政府提供社会福利的目标应该是缩小贫富差距”；有 70.9%同意或十分同意“穷人和富人之间的差距越来越大是不公平的”。这说明社会公正理念已经在新生代农民工群体中得到了普遍认同。

① 吴忠民. 公正与社会政策［J］. 理论前沿，2002（7）.

表 5–2　新生代农民工社会福利意识量表各指标的频数分布

福利意识指标		5 十分同意	4 同意	3 中立	2 不同意	1 十分不同意	均值	标准差
政府提供福利的目标应该是缩小贫富差距（N=295）	频数	110	123	39	20	3	1.93	0.93
	百分比（%）	37.3	41.7	13.2	6.8	1.0		
穷人和富人之间的差距越来越大是不公平的（N=295）	频数	89	120	70	12	4	2.06	0.91
	百分比（%）	30.2	40.7	23.7	4.1	1.4		
每个人都应该为自己的生活负起最大责任（N=290）	频数	99	138	46	7	0	1.87	0.76
	百分比（%）	34.1	47.6	15.9	2.4	0		
当个人遇到问题时，亲属最有责任提供帮助（N=292）	频数	55	95	106	33	3	2.43	0.96
	百分比（%）	18.8	32.5	36.3	11.3	1.0		
不管是穷人还是富人，政府都应该保障他们的基本生活需要（N=292）	频数	82	143	48	15	4	2.03	0.88
	百分比（%）	28.1	49.0	16.4	5.1	1.4		
领取政府救济金并不代表自己失败（N=290）	频数	65	149	61	14	1	2.09	0.81
	百分比（%）	22.4	51.4	21.0	4.8	0.3		
个人的失业问题主要是由社会造成的（N=287）	频数	41	86	103	52	5	2.63	0.99
	百分比（%）	14.3	30.0	35.9	18.1	1.7		
政府必须保障每个人的就业机会（N=286）	频数	65	106	94	20	1	2.25	0.90
	百分比（%）	22.7	37.1	32.9	7.0	0.3		
政府应该首先重视经济政策，然后才是社会福利政策（N=290）	频数	46	71	124	38	11	2.64	1.02
	百分比（%）	15.9	24.5	42.8	13.1	3.8		
政府应该有限度地提供社会福利，以免出现养懒汉的现象（N=289）	频数	70	139	66	13	1	2.09	0.82
	百分比（%）	24.2	48.1	22.8	4.5	0.3		

续表

福利意识指标		5 十分同意	4 同意	3 中立	2 不同意	1 十分不同意	均值	标准差
政府应该发展更大规模的福利服务，使每一位公民的生活得到较好的保障（N=289）	频数	87	137	54	9	2	1.97	0.82
	百分比（%）	30.1	47.4	18.7	3.1	0.7		
在提供社会福利时，政府应该向有钱的人收取服务成本（N=287）	频数	56	82	110	34	5	2.48	0.99
	百分比（%）	19.5	28.6	38.3	11.8	1.7		
社会福利主要应由社会公益组织提供，而不是政府（N=289）	频数	35	70	113	59	12	2.80	1.03
	百分比（%）	12.1	24.2	39.1	20.4	4.2		
福利主要应由乡村集体、工作单位提供（N=289）	频数	42	94	100	45	8	2.60	1.01
	百分比（%）	14.5	32.5	34.6	15.6	2.8		
获得社会福利是每一位公民的权利（N=294）	频数	85	141	45	20	3	2.03	0.90
	百分比（%）	28.9	48.0	15.3	6.8	1.0		
政府的社会福利应当只提供给那些生活最困难的人（N=292）	频数	56	98	80	53	5	2.50	1.05
	百分比（%）	19.2	33.6	27.4	18.2	1.7		

个人主义与集体主义是不同福利意识的核心概念。个人主义价值观认为贫穷与个人懒惰有关，政府的福利政策、济贫行为不会使穷者变富，反而会使富者变穷，因此强调社会成员个人对自己生活的责任，强调在福利提供方面个人的责任和市场作用的发挥，强调家庭、邻里、教会、行会对那些不能自给自足的社会成员提供照顾或必需用品。而集体主义重视的是国家维护公民社会权利的责任，认为国家的公共职能在现代社会应不断地扩大和增加，凡是个人努力所不能达到或不能顺利达到的目标，都理应由国家来实施，尤其是国家应通过立法，实行包括社会保险、孤寡救济、劳资合作以及工厂监督在内的一系列社会措施，自上而下地实行经济和社会改革，承担起对社会弱势群体的救助责任。

调查显示，在个人主义价值观的指标上，有 81.7%的受访新生代农民工同意或十分同意“每个人都应该为自己的生活负起最大责任”；有 51.3%的受访新生代农民工同意或十分同意“当个人遇到问题时，亲属最有责任提供帮助”，有 36.3%

的受访者在该指标上选择了“中立”，还有12.3%的被访者明确表示“不同意”或“十分不同意”这一指标。可见，在新生代农民工的价值体系中，个人和家庭的责任依然受到高度重视，但其对亲属的帮助责任则持一定的保留态度。

在集体主义价值观的指标上，有77.1%的受访新生代农民工同意或十分同意“不管是穷人还是富人，政府都应该保障他们的基本生活需要”。有73.8%的受访者同意或十分同意“领取政府救济金并不代表自己失败”。这一数据反映出新生代农民工也在较高程度上认同集体主义的福利观，强调政府的保障责任和公民的受助权利。

综合而言，在个人主义、集体主义的光谱中，虽然新生代农民工同时确认了个人主义及集体主义的观点，基本持一个较中庸的立场，但其对个人主义的支持程度要高于集体主义，所以新生代农民工的立场可以说是中间偏向个人主义。

（二）新生代农民工对社会问题成因及解决方法的理解

社会问题是产生社会政策的要素，社会福利政策通常是为了回应社会问题而发展出来的。因此，对社会问题成因的理解、对解决方法的选择往往能反映出社会成员的福利观。就业是民生之本，就业状况直接关系到劳动者个人及其家庭的生活质量，影响到社会稳定和发展。“无论在什么状况下，大量失业人员的存在都必然严重威胁正常的社会生活秩序，就业问题也就成了影响社会稳定、社会团结与社会整合的主要社会经济因素，就业问题的性质由社会经济问题转变为政治议题[①]。”因此，本研究将失业问题列为测量社会福利意识的一个重要指标。结果显示，有44.3%的受访者同意或十分同意“个人的失业问题主要是由社会造成的”，有35.9%的受访者则在该指标上选择了“中立”，还有19.8%的被访者明确表示“不同意”或“十分不同意”这一社会问题的原因。在解决路径上，有59.8%的被访者同意或十分同意“政府必须保障每个人的就业机会”，有32.9%的受访者选择了“中立”。

综合这些结果可知，有六成的新生代农民工认为失业问题是个人或其他非社会原因造成的，但是，他们支持代表社会整体的政府负起解决这一问题的责任，即新生代农民工对失业问题的理解比较倾向于集体主义的观念。

（三）新生代农民工对社会福利体系的理解和态度

1. 对社会福利制度的基本态度

长期以来，我国的社会福利政策淹没在以经济建设为中心的社会发展战略之中，成为实施国家经济政策的辅助工具。直到进入21世纪，伴随着经济社会的转

① T. Sanders. The Community: An Introduction to a Social System [M]. New York: The Ronald Press Company, 1966.

型和和谐社会目标的确立，社会福利政策的地位和作用才开始受到重视。那么，在新生代农民工心中，社会福利制度占据着什么样的位置？

调查显示，高达40.4%的被访新生代农民工同意或十分同意“政府应该首先重视经济政策，然后才是社会福利政策”，有42.8%的受访者选择了“中立”，还有16.9%的被访者明确表示“不同意”或“十分不同意”。

当被问及是否支持“政府应该发展更大规模的福利服务，使每一位公民的生活得到较好的保障”时，有77.5%的受访者同意及十分同意这一看法。但是，就“政府应该有限度地提供社会福利，以免出现养懒汉的现象”这一问题，又有72.3%的受访者同意及十分同意这一看法。

这三个结果显示，新生代农民工不再只是将社会福利政策视为促进经济增长的一种辅助工作,而是认为社会政策具有更重要的地位。因此,他们支持我国发展更大规模的福利制度，以保障每一位公民的生活，但他们另一方面担心这类体制会对个人的自助能力造成影响,因此不接受庞大规模的福利制度。

2. 对福利供给主体的偏好

社会福利供给是社会福利运行过程中至关重要的环节,福利供给主体是其中重要的一环，其涉及“谁提供福利”这一关键问题。现代社会中，福利供给主体的类型和数量不断增加，并日益呈现出由政府、初级群体（包括家庭、亲属、朋友、邻里等）、就业组织、互助组织、志愿者组织、商业性服务机构、非政府–非营利组织组成的多元化趋势①。20世纪50年代以来，我国政府在社会福利供给中的地位越来越重要，作用越来越突出，并成为最重要的福利供给主体，发挥着主导作用，而由私营企业及雇主、慈善团体及志愿机构等组成的私人系统的作用被长期忽视。那么，新生代农民工在福利供给主体的选择上有何偏好呢？

当被问及志愿体系的福利角色时，有24.6%的被访者不同意及十分不同意“社会福利主要应由社会公益组织提供，而不是政府”，持中立意见者也高达39.1%，表示同意或十分同意仅有36.3%。对于工作单位在福利供给中的角色，有47.0%的被访者同意及十分同意“福利主要应由乡村集体、工作单位提供”，持中立意见者有34.6%。由此可见，在政府、第三部门、工作单位或村集体这三个重要的福利供给主体的排序上，在新生代农民工看来，工作单位或村集体在提供福利的角色上比政府重要，而政府的福利角色比慈善团体及志愿机构更为重要。

3. 对福利分配原则的偏好

对于福利分配的原则，主要围绕普遍性及选择性原则两个主轴。选择性原则强调对社会成员进行甄别，那些收入低、患病、伤残、丧失工作能力等弱势群体才能享受福利服务。普遍性原则认为享有福利是全体公民的权利，强调应该一视同仁地为全部有特定需要的人（甚至全体国民）提供服务。对于这两个分配原则，

① 毕天云. 社会福利供给系统的要素分析［J］. 云南师范大学学报（哲学社会科学版），2009（5）.

有 76.9% 的受访者同意及十分同意“获得社会福利是每一位公民的权利”，同时，也有 52.8% 的受访者同意及十分同意“政府的社会福利应当只提供给那些生活最困难的人”。从统计结果来看，新生代农民工在福利分配原则的立场是同时支持普遍性和选择性原则，对这两个原则的支持程度进行比较，可以看出其更倾向于普遍性这一原则。

（四）年龄、性别、文化程度等社会因素对新生代农民工社会福利意识的影响

从相关系数的分析结果可知，与男性相比，女性新生代农民工更倾向于认同“个人的失业问题主要是由社会造成的”（相关系数=0.057，p＜0.05）、“获得福利是每个公民的权利”（相关系数=0.037，p＜0.05）这两个观点。

在各福利意识指标与受访者年龄的关系上，相关分析结果显示，年纪越轻的新生代农民工越倾向于认同“不管是穷人还是富人，政府都应该保障他们的需要”（相关系数= –0.130，p＜0.01）、“获得社会福利是每一位公民的权利”（相关系数=–0.164，p＜0.05）这两个观点。这两个观点比较明显地倾向于国家干预主义的立场。

在各福利意识指标与受访者教育程度的关系上，相关分析结果显示，教育程度越低者越倾向于认同“获得社会福利是每一位公民的权利。”（相关系数= –0.177，p＜0.05）、“福利最主要应由乡村集体、工作单位提供。”（相关系数= –0.177，p＜0.05）这两个观点。第一个观点倾向于国家干预主义福利观，第二个观点显示出该群体对工作单位或村集体在提供福利角色上的认同。

此外，分析结果显示，收入越低的新生代农民工越倾向于认同“政府的社会福利应当只提供给那些生活最困难的人”（相关系数= –0.123，p＜0.05）这一观点。

四、小结

20 世纪 80 年代末期之前，社会福利意识形态领域长期并行着自由主义和国家干预主义两个流派。自由主义流派认为市场机制具有完美的自动均衡能力，强调社会成员个人对自己生活的责任，强调在福利提供方面个人的责任和市场作用的发挥，政府唯一要做的就是充当经济的“守夜人”。国家干预主义则主张由国家干预和参与社会经济活动，强调政府在应对社会风险方面发挥主要作用，强调自上而下地实行经济和社会改革，承担起对社会弱势群体的救助责任。20 世纪 80 年代后期，随着“第三条道路”、福利多元主义、社会资本理论等新兴社会福利理论的兴起并逐渐获得重视，社会福利领域不再片面强调市场或国家的单独作用，而是开始强调市场、国家、家庭、民间组织等多元主体在抵御社会风险、增加社会福利中发挥作用。比如，“第三条道路”突破了福利提供主体方面市场–政府的

二元界限，强调有限的国家干预与有限的市场调节相结合；福利多元主义提出福利的规则、筹资和提供应该由不同的部门共负责任，共同完成。也就是说，社会福利意识开始出现了一种介于国家干预主义和自由主义之间的新的模式，这一新模式跨越左右，兼容市场的灵活性与政府的保障性，强调福利供给的多元主体和公众的参与。有学者称这种福利意识为“福利混合主义”。

综合调查结果，可以看到，我国新生代农民工的社会福利意识接近中间偏自由主义路线，或者说，他们的福利观更接近于福利混合主义（详见表 5–3）。在价值观上，新生代农民工同时认同个人主义与集体主义，但对个人主义的支持程度高于集体主义。在对社会福利制度的态度上，他们认为社会福利制度在现代社会的地位比经济政策更重要，但是他们不支持发展庞大规模的福利制度，以免削弱个人及家庭的自助能力。在对福利供给主体的偏好上，他们认为政府应该为个人提供基本的生活保障，期待政府能够承担解决社会问题、提供福利、保障个人生活的责任。但是，他们认为工作单位（村集体）也应承担比较大的福利责任，甚至对工作单位的期待高于对政府的期待。在福利分配原则上，他们同时支持普遍性及选择性的分配原则，但更倾向于普遍性这一原则。这些结果显示着新生代农民工在社会福利意识上的矛盾状态。

表 5–3　中国新生代农民工社会福利意识的特点

福利取向	特　点
价值观层面	支持社会公正；同时认同个人主义与集体主义，但对个人主义的支持程度高于集体主义
对社会问题成因及解决方式的理解	不认同社会环境是造成社会问题的主要原因，但支持政府负起解决社会问题的责任
对社会福利制度的基本态度	认为社会福利制度具有重要的地位，认为政府应该为每一位社会成员的基本生活提供保障，但不支持庞大规模的福利制度，以免削弱个人及家庭的自助能力
对福利供给主体的偏好	认为工作单位或村集体在提供福利的角色上比政府更为重要，而政府的福利角色比慈善团体及志愿机构更为重要
对福利分配原则的偏好	同时支持普遍性及选择性的分配原则，但更倾向于普遍性这一原则

另外，相关系数分析显示，受访新生代农民工的性别、年龄、受教育程度、收入只是对个别的福利观点产生了影响，这些变量并未对受访者福利意识的立场产生明显的倾向效应。由此可以推论，当前我国新生代农民工是一个同质性相对较强的群体，不同年龄、收入、文化程度新生代农民工的福利观没有出现比较显著的分化。

第六章
农民工养老保障制度选择的定量研究

如前文的论述，因农民工可参加养老保障制度的多样性以及这些制度采用的是各地根据实际情况自愿参加和执行的原则，我们可以观察到多种多样的农民工养老保障制度。那么，到底是哪一类型的农民工参加了养老保障？参加不同保障项目的农民工具有何种特征？不参加养老保障的农民工又具有什么特点？他们在做出参加和不参加养老保障制度以及参加哪一项养老保障制度时，都在考虑什么？……为了回答这些问题，深入分析参保农民工参加保障的不同渠道和路径就显得非常有必要，唯有通过这种方式，我们才能捕获农民工在养老制度实践中的主体选择差异。为此，本章的目的是在实地调查的基础上，具体描述农民工参加养老保障的多种途径，剖析其做出特定选择的主体性因素。

一、研究假设

从制度主义的视角来看，制度从设计到实施的过程，都是制度设计者与制度目标群体互动的实践过程，制度所能取得的实际效果，便是这样一个充满策略性的互动关系和过程的产物。虽然农民工的养老保障制度在从自我保障向准制度性转变的过程中，在一定程度上改变了他们置身其中的生活机会结构、为其设定了基本的行动框架，但是，农民工个体会根据自身的禀赋条件和预算约束求得效益的最大化，因而不能将其看作是完全被动的制度承受者。也就是说，尽管农民工是一个同质性较高的群体，但其中也存在一定的分化和差异，如性别、所处生命周期的不同阶段、家庭收入等。这些因素透过不同行为主体具有能动性的实践，会对其参加养老保障的行为产生差异性的影响，从而造成养老保险制度在农民工群体中显现出不同的效果。本研究在第一章关于农民工养老保障制度效果的国内研究成果综述中也提到，持“现代化研究”视角的学者从农民工这一主体出发进行研究，指出研究养老保障制度对农民工生命历程的影响需要考虑农民工在思维、文化和观念上的“现代化”（张继焦，2004）。为了以统计方式展示出个体因素的效应，本研究力图建构一个包含影响农民工参加养老保障制度个体因素的模型，通过该模型主要验证以下假设：在多重约束下，不同特征的农民工在参加养老保障问题上具有一定的自主性，实际选择的差异影响到制度实施的效果。

在总假设的基础上，分化出以下几个分假设：

（1）收入因素对农民工是否参加养老保险有显著性影响；

（2）农民工的文化程度对其参加养老保障的行为有显著性影响；

（3）农民工的定居意愿对其参加养老保障的行为构成结构性制约；

（4）农民工的来源地（户籍所在地）对其参加养老保障的行为有显著性影响；

（5）农民工的年龄对其参加养老保障的行为有显著性影响；

（6）农民工的婚姻状况对其参加养老保障的行为有显著性影响；

（7）农民工的当前工作类型对其参加养老保障的行为有显著性影响。

接下来，本研究使用来本次调查的数据资料对此模型进行验证并对结果给出解释。

二、模型建构及样本量说明

（一）模型建构

在该模型中，因变量是农民工是否参加了养老保险制度这一事件。在问卷中是“您是否参加了养老保险”这一选项，它的答案共有两项：“参加养老保险”赋值为 1，“没有参加养老保险”赋值为 0。

在自变量层面，主要包括文化程度、户籍所在地、婚姻状况、定居意愿、月收入、年龄、现在从事的行业等 7 个变量。这些变量刻画了不同的农民工个体的背景特征。整个模型的参照类别是“被访者没有参加养老保险”。

设因变量所涉及事件的发生概率为 P_i。

P_1：被访者参加养老保险的发生率；

P_2：被访者没有参加养老保险的发生率。

回归方程如下：

$$\ln(P_m/P_n)=a+bx_{\text{年龄}}+cx_{\text{文化程度}}+dx_{\text{收入}}+ex_{\text{户籍所在地}}+fx_{\text{就业}}+gx_{\text{婚姻}}+hx_{\text{定居打算}}$$

具体方程式为：

$$\ln(P_1/P_2)=a+bx_{年龄}+c_1x_{小学}+c_2x_{初中}+c_3x_{高中}+c_4x_{中专}+c_5x_{大专及以上}+d_1x_{800元以下}+d_2x_{801\sim1\,500元}+d_3x_{1\,501\sim2\,000元}+d_4x_{2\,001\sim3\,000元}+d_5x_{3\,001元及以上}+e_1x_{东部}+e_2x_{中部}+e_3x_{西部}+e_4x_{东北}+f_1x_{建筑业}+f_2x_{运输仓储及邮电通信业}+f_3x_{批发零售业}+f_4x_{住宿餐饮业}+f_5x_{家政保洁}+f_6x_{加工制造业}+f_7x_{暂时没有固定行业}+f_8x_{其他行业}+g_1x_{已婚}+g_2x_{未婚}+h_1x_{返乡}+h_2x_{定居}$$

另外，为寻找解释能力最强的自变量并尽量减低自变量间多重共线性影响，在实际操作中，本研究采用了 SPSS 中 Logistic 回归自动筛选显著自变量的方法建立最优的逐步回归方程。

（二）样本量基本信息

本研究于 2010 年 3 月至 7 月间完成了问卷调查。考虑到北京市农民工数量庞大且极为分散，且人力、财力、物力的限制，调查主要采取的是判断抽样的方法。已有研究显示，北京市外来务工人员主要集中在朝阳、海淀和丰台等城市功能拓展区，以此围成一个环状，呈放射状向外扩散；在就业领域，主要是餐饮业、居民服务业、建筑装饰业和零售业（尹德挺、陈可、常国珍，2006）。为此，笔者主要在朝阳区、海淀区和丰台区发放问卷，问卷采取直接访问法填答，即调查员亲自访问被调查者并当面填写答案。笔者共计发放问卷 170 份，回收 165 份，有效问卷 145 份，有效率为 85.3%。需要检讨的是，因为本次调查并非严格意义上的随机抽样，所以无法保证调查结果反映北京市农民工的总体情况。在问卷调查中，一共发现了 67 位参加过养老保障制度的农民工。

在 145 个农民工样本中，平均年龄为 32.9 岁，年龄最大者为 57 岁，最小者为 16 岁。其中，20 岁以下占了 11.3%，21～25 岁占 9.2%，26～30 岁占 16.3%，31～35 岁的占 27.0%，36～40 岁的占 19.9%，41～45 岁占 10.6%，46 岁以上的占 5.7%（见表 6–1）。根据有关界定，新生代农民工①指出生于 20 世纪 80 年代以后，年龄在 16 岁以上，在异地以非农就业为主的农业户籍人口。本次调查对象中，属于新生代农民工的共计 52 人，占样本量的 36.9%。在性别结构方面，本次调查的农民工中男女比例非常接近，男性为 70 人，女性为 71 人，女性略高于男性。女性农民工平均年龄略低于男性，其平均年龄为 32.65 岁，30 岁以下的占 38.03%；男性农民工的平均年龄为 33.01 岁，30 岁以下的占 35.71%。在婚姻状况方面，农民工中已婚人口居多，已婚人口占调查总人数的 79.7%，未婚者占了 19.6%。

① 王春光在 2001 年就指出，从代际认同角度看，农村流动人口已经分化为第一代农村流动人口和新生代农村流动人口（多在 25 岁以下，出生于 20 世纪 70 年代末 80 年代初，成长和受教育于 80 年代，基本上于 90 年代外出务工、经商）。

表 6–1　被访农民工性别及年龄分布表

年龄分组	计数及比例	性别		合计
		男	女	
20 岁以下	计数	9	7	16
	性别中的%	12.9	9.9	11.3
21～25 岁	计数	4	9	13
	性别中的%	5.7	12.7	9.2
26～30 岁	计数	12	11	23
	性别中的%	17.1	15.5	16.3
31～35 岁	计数	21	17	38
	性别中的%	30.0	23.9	27.0
36～40 岁	计数	12	16	28
	性别中的%	17.1	22.5	19.9
41～45 岁	计数	7	8	15
	性别中的%	10.0	11.3	10.6
46 岁及以上	计数	5	3	8
	性别中的%	7.1	4.2	5.7
合计	计数	70	71	141
	性别中的%	100.0	100.0	100.0

*因 4 名被访者未填写出生年这一信息，故在此统计中将其排除。

从地区来源上看，本次调查的农民工来自全国 24 个省、自治区或直辖市。其中，四川、河南作为两个农民工输出大省，在本次调查中也有显示。即来自四川省的农民工最多，占本次样本量的 17.2%，河南其次，占了 13.7%。另外，河北、山东等省份也占了较大比例。见表 6–2。

表 6–2　被访农民工户口所在省份

省份	频数	百分比（%）	有效百分比（%）	省份	频数	百分比（%）	有效百分比（%）
四川	25	17.2	17.2	广东	3	2.1	2.1
河南	20	13.8	13.8	黑龙江	3	2.1	2.1
云南	16	11.0	11.0	辽宁	3	2.1	2.1

续表

省份	频数	百分比（%）	有效百分比（%）	省份	频数	百分比（%）	有效百分比（%）
河北	10	6.9	6.9	山西	3	2.1	2.1
山东	9	6.2	6.2	福建	2	1.4	1.4
北京	8	5.5	5.5	青海	2	1.4	1.4
湖北	8	5.5	5.5	广西	1	0.7	0.7
浙江	8	5.5	5.5	贵州	1	0.7	0.7
湖南	6	4.1	4.1	江苏	1	0.7	0.7
安徽	5	3.4	3.4	内蒙古	1	0.7	0.7
吉林	4	2.8	2.8	宁夏	1	0.7	0.7
江西	4	2.8	2.8	陕西	1	0.7	0.7

在就业方面，本次调查样本中，农民工从事住宿餐饮业所占比重最高，有效百分比为 23.9%；其次是建筑业，占了 22.5%；其他不便分类行业（如从事废品收购者）排在第三位，占了 15.2%。见表 6–3。

表 6–3　被访农民工现在从事的行业领域

项　　目	频数	百分比（%）	有效百分比（%）	累积百分比（%）
住宿餐饮业	33	22.8	23.9	23.9
建筑业	31	21.4	22.5	46.4
其他不便分类行业	21	14.5	15.2	61.6
运输仓储及邮电通信业	14	9.7	10.2	71.8
暂时没有固定行业	13	9.0	9.4	81.2
批发零售业	12	8.3	8.7	89.9
家政保洁	9	6.2	6.5	96.4
加工制造业	5	3.4	3.6	100.0
未回答	7	4.8	—	—
合计	145	100.0	—	—

三、农民工养老保险的定量研究结果分析

本研究进行的问卷调查结果显示，145 位被访农民工中，共有 67 位参加了养老保险（包括新农保、农民工养老保险、城镇职工养老保险、干部养老保险以及商业保险等），占调查总人数的 46.2%。其中有 46 位参加的是户籍所在地的农村养老保险，占调查总人数的 31.7%；23 位在打工所在地（北京）参加了农民工养老保障，占调查总人数的 15.9%；6 位为自己购买了商业保险，占调查总人数的 4.1%；还有 11 位农民工参加的是城镇职工养老保险、干部养老保险、因为土地征用而获得的养老保险以及其他特殊保险。被访农民工应对老年风险的策略选择见表 6–4。

表 6–4　被访农民工应对老年风险的策略选择

项　　目		响应		个案百分比（%）
		选择次数	百分比（%）	
应对老年风险的策略	在老家参加农村社会养老保险	46	24.1	31.7
	在打工的单位参加了养老保险	23	12.0	15.9
	购买了商业保险	6	3.1	4.1
	定期存钱养老	36	18.8	24.8
	养儿防老	34	17.8	23.4
	其他	11	5.8	7.6
	没有采取任何措施	35	18.3	24.1
总计		191	100.0	131.7

从调查结果可以看到，虽然各地已经建立了专门针对农民工的养老保障制度，但农民工的参与率并不高，相反，参加农村养老保险的比例却很高，而且，还有一些人参加了城镇职工养老保险或购买了商业保险。那么，参加养老保险的农民工在年龄、职业、文化程度等维度方面具有何种特点？将上文提到的 7 个自变量全部纳入模型，在所得到的回归结果中，只有 3 个自变量得到了在 0.05 水平统计性显著的结果，即只有“文化程度”“定居意愿”“现在从事的行业”这三个变量会影响到农民工参与养老保障这一事件。回归方程结果见表 6–5。

表 6–5　回归方程结果

项　　目	*B*	*S.E*	*Wals*	*df*	*Sig.*	Exp（B）
文化程度（参照类别为“小学”）			6.425	4	0.170	
初中	**1.969**	**1.007**	**3.822**	**1**	**0.050**	**7.165**

续表

项　　目	*B*	*S.E*	*Wals*	*df*	*Sig.*	Exp（B）
高中	1.776	1.224	2.104	1	0.147	5.905
中专	0.872	1.283	0.462	1	0.497	2.391
大专及以上	**3.182**	**1.561**	**4.157**	**1**	**0.041**	**24.094**
地区划分（参照类别为“东部地区”）			2.023	3	0.568	
中部	–0.551	0.777	0.503	1	0.478	0.576
西部	–0.166	0.810	0.042	1	0.838	0.847
东北	0.822	1.124	0.535	1	0.465	2.275
已婚（参照类别为“未婚”）	0.164	1.049	0.024	1	0.876	1.178
定居意愿（参照类别是“定居”）	**1.216**	**0.501**	**5.881**	**1**	**0.015**	**3.373**
收入分组（参照类别为“3 001 元及以上”）			3.588	4	0.465	
800 元及以下	1.066	1.377	0.600	1	0.439	2.905
801～1 500 元	–0.075	1.148	0.004	1	0.948	.928
1 501～2 000 元	1.103	1.206	0.836	1	0.361	3.012
2 000～3 000 元	0.534	1.139	0.219	1	0.639	1.705
年龄分组（参照类别为“46 岁及以上”）			2.801	6	0.833	
20 岁以下	–0.884	1.646	0.288	1	0.591	0.413
21～25 岁	–1.285	1.398	0.845	1	0.358	0.277
26～30 岁	–0.762	1.247	0.374	1	0.541	0.467
31～35 岁	0.153	1.153	0.018	1	0.895	1.165
36～40 岁	–0.124	1.225	0.010	1	0.919	0.883
41～45 岁	–0.508	1.263	0.162	1	0.687	0.602
现在从事的行业（参照类别为“建筑业”）			12.557	7	0.084	
运输仓储及邮电通信业	–1.750	1.138	2.364	1	0.124	0.174
批发零售业	**–2.467**	**1.106**	**4.976**	**1**	**0.026**	**0.085**
住宿餐饮业	–0.586	0.769	0.582	1	0.446	0.556

续表

项　目	B	S.E	Wals	df	Sig.	Exp（B）
家政保洁	−1.519	1.031	2.171	1	0.141	0.219
加工制造业	−0.596	1.192	0.250	1	0.617	0.551
暂时没有固定行业	0.133	1.091	0.015	1	0.903	1.142
其他行业	**−2.319**	**0.882**	**6.908**	**1**	**0.009**	**0.098**
常量	−1.322	2.242	0.348	1	0.555	0.267

注：该回归方程的−2 对数似然值为−2 Log likelihood；Cox&Snell R 方的值为 0.265。

针对农民工群体参与社会保障比例低这一问题，目前许多学者认为，除了制度设计自身的问题之外，农民工文化素质不高、维权意识薄弱等自身弱点，是一个非常重要的原因。一些学者重点探讨了农民工自身因素对社会保障尤其是养老保障问题的影响。他们指出，虽然农民工被喻为农村青年的“精华”，但是这个群体中的绝大多数文化素质低，缺乏职业技能，维权意识和能力都比较弱，其很多思维方式与新的工业生产、城市生活不相适应，即使用人单位不给办理社会保险，他们也不知道自己可以抗争，也不敢抗争（蒋月，2006；郭兴华，2004；黄海啸，2007）。就本研究的统计结果来看，在控制了其他变量影响的条件下剖析文化程度的影响，虽然不是每一种文化程度都能够对农民工参加养老保障的事件产生影响，但至少初中和大专及以上这两个文化程度有小幅度的积极作用。相对于文化程度是小学的农民工，文化程度是“初中”“大专及以上”的农民工参加养老保障的可能性非常高。具体来说，初中文化程度的农民工参加养老保障的概率是小学文化程度农民工的 7 倍（发生比为 7.165）；大专文化程度的农民工参加养老保障的概率是小学文化程度农民工的 24 倍（发生比为 24.094）。这一结果也再次说明了代表着“现代性”和“公民意识”的受教育程度这一因素对农民工参保行为的影响。

农民工是中国二元经济结构下梯度经济发展模式和社会二元结构共同作用的结果。在这种作用下，城市对于这些现代化过程中的新移民采取了“吸纳”和拒绝的双重态度，导致农民演变成具有双重身份和双重角色的特殊社会身份集团——他们生活在城市，但不是城市人；他们是农村人，却不在农村生活，“流动性”成为这个群体与生俱来的特质。“流动”具有多重含义，除了职业之间的流动，也包括地域之间的流动。因此，这就要求养老保障制度具备可转移、可携带的特点，能够让农民工在农民与工人身份间不断变换的过程中、在地区间不断流动的过程中，养老保险关系不间断、养老保险关系可接续，即农民工在跨地区就业以及返乡务农时养老保险权益能够通过接续和累计得到切实保障。但是，中国养老保险等主要社会保险制度被分割在 2 000 多个统筹单位，且多为县市级统筹运行，各统筹单位之间政策不统一，难以互联互通，导致养老保险关系无法转移接续（梁庆朝、张秋善、祇新生、翟英军，2007）。一些学者发现，根据目前打工城市的房价和物价水平，以及农民工的就业和收入水平，绝大多数农民工不具备在打工城市定居的能力（章铮，2006），而对自身能力和周围环境有了较为清醒认识的农民工，即使没有户籍制度的障碍，他们中的大部分人也没有把打工城市作为定居的最终目标（朱宇，2004）。因此，作为经济理性人的农民工就选择了返回家乡参加农村养老保险。此次研究的结果显示，从定居意愿的影响来看，相对于准备定居在城市、不打算返乡（最起码 5 年内不准备返乡工作）的农民工，准备返回户籍所在地农村的农民工参加农村养老保险的概率更高。具体来说，准备返乡的农民工参加农村养老保险的概率是不准备返乡农民工的近 4 倍（发生比为 3.373）。

当前中国的养老保障制度设计，不论是面向城镇职工还是农村居民，其在责任主体上都强调政府、用人单位以及投保人自身等多元化的主体。因此，投保人自身的收入、经济实力直接影响到他们参与养老保障的行为。20 世纪 80 年代，在农村劳动力开始向城市流动之初，农村剩余劳动力唯一的出路就是低级的传统服务业。1984 年建筑业率先对农村剩余劳动力开放后，农村剩余劳动力开始源源不断地向城市流动。随着其他产业对农村劳动力的相继开放，进城务工的劳动力开始逐渐被分流到了其他产业。原国家劳动社会保障部 2005 年的调查显示，发展至今，农民工所从事的职业主要是制造业、建筑业、住宿和餐饮业、批发和零售业、居民服务业等重点行业，其中制造业占 27%，建筑业占 26%，住宿和餐饮业占 11%，批发和零售业占 12%，居民服务和其他服务业占 9%，其他行业占 15%。根据国家统计局公布的数据，1999 年建筑业职工平均工资在这几个行业中居首位，但在随后的几年相继被采掘业和制造业取代，而且批发、零售、贸易、餐饮业（传统服务业）在这 5 年中发展也很迅速，与建筑业平均职工工资也仅一步之遥。不过，总体来看，建筑业农民工的收入还是相对较高的。本次调查显示，在建筑业就业的农民工，45.2%的人的月收入在 2 001 元至 3 000 元之间，16.1%的人在 1 501～2 000 元之间，还有 3.2%的人在 3 001 元以上。也就是说，在这个就业领域中，累计 64.5%的人月收入在 1 501 元以上，仅低于运输仓储及邮电通信业和批发零售业这两个行业的月收入。见表 6–6。因此，相对而言，从事建筑业的农民工有较高的参保能力。具体来看，相对于在建筑业工作的农民工，目前职业属于“批发零售业”和“其他行业”的农民工参加养老保险的概率较低。批发零售业的农民工参加养老保险的概率只有建筑业农民工的 8.5%（发生比为 0.085）；目前所在行业属于“其他行业”的农民工参加养老保险的概率只有建筑业农民工的 9.8%（发生比为 0.098）。

表 6–6 被访农民工月收入分组与职业分布交叉表

项目		被访者现在的职业								合计（%）
		建筑业（%）	运输仓储及邮电通信业（%）	批发零售业（%）	住宿餐饮业（%）	家政保洁（%）	加工制造业（%）	暂时没有固定行业（%）	其他行业（%）	
月收入分组	800 元以下	0.0	8.3	0.0	27.3	33.3	0.0	0.0	10.0	11.2
	801～1 500 元	35.5	0.0	25.0	36.4	33.3	40.0	91.7	35.0	36.6
	1 501～2 000 元	16.1	16.7	33.3	12.1	0.0	40.0	0.0	15.0	14.9
	2 001～3 000 元	45.2	58.3	16.7	24.2	33.3	20.0	0.0	35.0	31.3
	3 001 元及以上	3.2	16.7	25.0	0.0	0.0	0.0	8.3	5.0	6.0

（$p<0.01$）

但是，其他收入段对农民工的参保行为并没有显著影响。这一结果说明，收入水平相对来说并不是一个决定是否缴纳养老保险费的重要因素。究其原因，一方面在于农民工普遍的低收入水平降低了收入因素对是否参加养老保障的差异性作用；另一方面，尽管收入水平较低，但农民工在是否参加养老保险的问题上做出“理性选择”，会在可能范围以内，尽量压缩其他开支，续交养老保险费，“要不要”的算计极力压缩甚至超出了“能不能”的空间。而“要不要”的依据就在于农民工所面对的制度形塑的机会结构与自身社会特征的权衡，比如年龄距离政策规定的退休年龄接近。这一点体现了这个群体对制度资源有一定程度的策略性利用。总之，在控制其他因素的情况下，农民工收入水平与参加养老保险行为所呈现的微妙格局，表明二者之间并不是一个简单的因果关系。

通过上述分析可以发现，个体因素对农民工参加养老保障制度这一行为的影响还是较为显著的。个体因素影响的凸显体现了身处特定制度空间和预算约束的可能性边界之内的农民工在决定是否参加养老保障问题时具有有限自主性的行为选择。面对处于生存水平的约束，农民工会对包括养老保险费缴纳问题在内的不同问题的迫切性和重要性进行权衡和比较。但是，当前多数农民工接近于斯科特所描述的“水深齐颈”（斯科特，2001）的生存状态。在这种状态下，他们所具有的选择可能性空间相当狭窄，他们的算计实际上是一种“生存水平”下的“理性选择”行为，这种选择行为及其差异性的结果体现出处于制度和收入双重约束中的农民工社会行为的消极性、耐受性、适应性和策略性。

第七章

农民工养老保障制度选择的生命故事

一、研究设计及个案基本信息

文献研究和定量研究虽然能够帮助研究者对研究对象有一定程度的认知，但这些资料或是通过书面资料获得的间接经验，或是整体、宏观层面上的略欠深度的资料，要想深入了解农民工的自我感受，就必须到农民工的真实生活场域中去，聆听他们最真实的表述和评价。为此，本研究在定量研究的基础上，采用了质性方法进行进一步的研究。

原国家劳动社会保障部 2005 年的调查显示，农民工的职业主要分布在制造业、建筑业、住宿和餐饮业、批发和零售业、居民服务业等。其中制造业占 27%，建筑业占 26%，住宿和餐饮业占 11%，批发和零售业占 12%，居民服务和其他服务业占 9%，其他行业占 15%。因此，在从 67 位参加了养老保险的农民工中选择访谈对象时，笔者主要根据农民工群体的职业分布情况进行选择，并尽可能访谈到各种类型农民工，从而实现抽样的理论饱和。笔者根据农民工的职业分布，从定量研究的对象中选择了 23 位进行深度访谈，获得有效访谈样本 21 个。访谈主要分三次完成：2010 年 6 月初，笔者前往北京市最大的农民工聚居地——北京市朝阳区崔各庄乡姜各庄村进行实地调查，对 8 位从事批发零售业、居民服务和其他服务业的打工者进行深度访谈（其中包括两位批发零售业打工者，两位个体工商业者，4 位从事保洁和家政服务的打工者）。另外还简单访谈了其中两人正在城里上学的子女各 1 位。2010 年 8 月中旬，笔者前往北京市朝阳区孙河乡的一个建筑工地，进行了为期两天的实地调查，一共对 6 位建筑业农民工进行了深度访谈。2010 年 9 月至 10 月底，笔者在海淀区与 6 位农民工进行了深度访谈，包括 3 位从事小商品批发的打工者、2 位饭店服务员、2 位在建筑业务工的外来农民工（深度访谈对象基本情况见附录）。

深度访谈的内容主要涉及被访农民工的生命故事和事件，比如家庭经济状况、个人打工经历、关于工作和退休的财务安排、养老收入的来源以及参加养老保险或购买商业保险的个人体验。为了剖析这些事件和被访者参加养老保障计划之间的关系，在访谈记录中，所有事件都按照时间序列记录下来。并且，由于农民工可以参加的养老保障制度非常多元，本项研究还非常强调他们在参加不同制度的个性化体验。另外，为了描绘农民工对养老保障制度的主观感受，访谈内容还涉及农民工如何界定国家制定的农民工养老保障制度、如何理解他们遭遇的老年生活无法得到保障的问题、如何处理制度与现有问题之间的矛盾状况以及他/她做出决定（不）去参加养老保障的原因、参加（或不参加）养老保障制度对他们年老后的生活安排有什么影响等。对个人生活史的注重可以帮助研究者系统、细致地探寻被调查对象的生活经历，进而有助于笔者深入探寻农民工养老保障制度和农民工个体之间的互构关系。

二、农民工养老的六种选择

（一）农民工养老的第一种选择：没有参加任何一种养老保障

这种类型农民工的典型特征是个人收入不高以及家庭所在地区的经济发展水平低。已有的多项研究显示，农民工养老保障制度至今只能覆盖到一小部分打工人群。工作的变动以及收入偏低，使得许多农民工个人以及家庭的经济情况非常差，他们的收入几乎不允许他们关心未来，更不用说关心他们自己的晚年。另外，务工所在地政府政策的不足、户籍所在地的地区经济发展欠佳，使得他们既无法参加农民工养老保障，也无法参加农村养老保险。

比如，本次定量调查的结果显示，北京外来农民工的职业以住宿餐饮业为主（高达 23.9%的农民工选择该项），其次是建筑业（22.5%），废品收购等一些不便分类的行业占了 14.4%。这些职业都属于劳动时间长、强度大、环境差、风险高但收入待遇低的次级劳动力市场。虽然有一定比例的农民工月收入在 3 000 元以上，但高达 64.3%的外地在京务工人员的月收入在 2 000 元以下，其中 800～1 200 元之间的比例较高，20%的被访者属于这一收入段（被访农民工月平均收入见表 7–1）。因此，许多被访者表示他们的收入刚刚够自己一个月的花销，已经没有多余的积蓄邮寄回家，更不用说去参加养老保险了（被访农民工每月邮寄回家资金额度见表 7–2）。

表 7–1　被访农民工月平均收入一览表

项目	频数	百分比（%）	有效百分比（%）	累积百分比（%）
500 元以下	3	2.1	2.1	2.1
501～800 元	15	10.3	10.7	12.9
801～1 200 元	28	19.3	20.0	32.9
1 201～1 500 元	23	15.9	16.4	49.3
1 501～2 000 元	21	14.5	15.0	64.3
2 001～2 500 元	24	16.6	17.1	81.4
2 501～3 000 元	18	12.4	12.9	94.3
3 001 元以上	8	5.5	5.7	100.0
小计	140	96.6	100.0	
未回答	5	3.4		
合计	145	100.0		

表 7–2　被访农民工每月邮寄回家资金额度一览表

项目	频数	百分比（%）	有效百分比（%）	累积百分比（%）
200 元以下	7	4.8	5.0	5.0
201～500 元	25	17.2	17.7	22.7
501～750 元	27	18.6	19.1	41.8
751～1 000 元	7	4.8	5.0	46.8
1 001 元以上	10	6.9	7.1	53.9
不寄钱	65	44.8	46.1	100.0
小计	141	96.6	100.0	
未回答	4	2.8		
合计	145	100.0		

虽然他们在老家还有土地（平均 5.46 亩地，1 亩=666.6 平方米），但是**“平均月收入在 600～700 元。有时候，许多农产品的价格很低，一亩地的投入和产出差不多，甚至有时候还顾不上本钱……根本没有多余的钱去参加保险。”**

个案 1 的刘某就是这部分人的典型代表，她的家庭经济状况反映了贫穷的农民工家庭基本无法避免养老的风险。

个案 1：刘某，女，1978 年出生，山东临沂人，有一个 7 岁的女儿。她和丈夫4年前一起来北京打工，女儿留给了爷爷奶奶照顾，现在在老家的一个小学读书。目前刘某自己在北京一个小区做电梯工，每个月有600多块钱的收入，她的丈夫在一个私人装修队干活，平均每个月的收入在1 300元左右。家里还有4亩多地，主要是公公婆婆在打理，但收入刚够成本。她没有听说过农民工养老保险，回老家时也没听村里介绍过农村养老保险，现在唯一参加的保险就是农村新型合作医疗。目前她和丈夫的收入刚刚够他们维持在北京和家里孩子的花销，已经没有多余的钱去参加任何保险。虽然北京距离刘某的老家山东临沂不远，但夫妻二人每年回家的时间很少，平均回家半个月就是很好的，因此，他们很少见到女儿。他们有把女儿接到北京上学的打算，但这笔费用非常高。

我已经不再考虑存钱这回事了。为什么？因为挣的钱远不够花，还哪能存？不是吗？即使我再努力干，挣的钱也还是那么多，根本不够用。（个案1，2010/07）

对于晚年的生活，刘某觉得自己只能依靠家庭（丈夫）或女儿了。但是，刘某也依然希望有机会参加养老保险。刘某说：

我不能参加养老保险，因为我的收入太低，还没有达到那样的阶段……现实情况不允许！如果我有钱，我就会参加，这样我老了以后还有一点依靠。但是，没有钱，你怎么去参加？……我愿意用土地换保障……土地被征用了，就能得到一大笔钱，就可以把钱存进银行或者可以加入其他保险，费用足够了，对吗？虽然现在机械化了，但种地还不是个轻松的活。（个案1，2010/07）

刘某觉得自己和丈夫会一直在北京打工，不会再去其他地方，但以后会回到老家。即使他们有足够的经济实力去参加养老保险、去安排自己的晚年，但老家没有实施养老保险政策使得这种想法也变得不可能。因此，他们对养老保险制度毫不关心。但是，这并不意味着养老保障是不重要的。

另外要指出的是，虽然农民工对子女养老抱有期望，但他们并不一定希望有更多的后代。抚养孩子高昂的成本使得几乎所有的家庭都希望只拥有1～2个孩子，并且，在性别上男孩女孩都可以。这种想法除了受国家计划生育制度的限制外，经济负担是最主要的原因。并且，他们也表示了另外一种担忧，就是他们老了之后需要子女的照顾。这个情况——老了后只依靠孩子照顾，所有的被访者都表示不希望出现。

我只有一个女儿，等我老了，她必须照顾我，要不然，还有谁？最好还是有国家补贴，有养老金……如果孩子愿意并且可以照顾，这当然好，但如果不是这样，你就不能指望他们这样做，他们甚至不能好好照顾自己……每个人都希望自己的孩子成才，但现在连大学生都失业，谁敢说孩子以后会成为什么？（个案1，2010/07）

通过广播、电视、报纸等大众媒体以及与城市居民的接触和互动，越来越多的农民工意识到自己的从属地位，也越发增加了对国家的失望。尽管如此，农民工们仍然相信国家能建立一个稳定保障系统，并表示愿意参加这样的保障。在如何看待商业保险以及在商业保险和国家的养老保险这两个制度之间会如何选择的问题上，刘某选择了后者。因为她相信国家的制度会更稳定，比商业保险更可靠。

总的来看，这类没有参加任何保险的农民工所属的“理性类型”具有一个典型特点，就是贫穷和资源的缺乏。这种类型的个人和家庭希望能摆脱贫穷和国家对养老保险提供更多的支持。并且，由于长期生活在贫困中，这些个人和家庭变得更相信宿命和倾向于接受现状，“顺应环境”成为他们心中不变的理念。并且，中国政府长期以来在农村、农民、农民工方面的政策和经验告诉他们，不要对国家要求过高，也不要有过多的抱怨，因为再多的抱怨也不会带来什么变化，因此，他们学会了沉默。

（二）农民工养老的第二种选择：参加农村养老保险

这是定量调查中农民工参与人数最多的养老保障制度项目。在农村，这种类型的养老金计划实行自愿参与的原则，只要愿意参加并且能够缴费，所有农村居民都可以参加。因此，虽然许多农民工在外地打工，但是他们依然回到家乡参加这种保障制度。相对于没有外出的农民，收入更高的农民工在参加这个项目上有很大的优势，每年的费用相对而言不是负担。

虽然各个地方的补助不太一样，但农民工参加的途径都是一样的：村里（负责社会保障的）干部通过村里的大喇叭或者入户来介绍这个制度，农民工的家人知道后就打电话征询他们的意见，一旦他们相信这个制度的优越性，他们就会参加。并且，灵活的缴费方案也符合他们收入不固定的职业特点。大多数情况下，参加的农民工都是根据自己的经济状况来缴费的，因此，他们会有非常不同的参保缴费记录。另外，新农保实行的是个人缴费、集体补助、政府补贴相结合的筹资方式，村与村之间经济状况的差异使得每个人得到的集体补助不一样，最后每个人账户积累的养老金金额也会相差很多。在富裕的村庄，参保人得到的集体补贴就会多一些。因此，在很大程度上，村集体补贴的多少会影响到农民工参与这个制度的决定以及对该制度的评价。

但是，参加新农保并不能真正保证农民工在晚年的生活。因为这个制度的缴费原则是自愿参与，个人账户最终积累的资金数量会和个人的经济实力挂钩。在大多数情况下，预期的养老金收入只不过是晚年生活的微薄补助。这意味着参加这个项目的农民工在年老之后仍然需要依靠其他收入来源，至少要有来自家庭成员的支持。因此，尽管参加了养老金计划，许多农民工仍然希望晚年的时候可以与他们的孩子一起生活。除了家庭照顾，许多农民工也在寻求其他方法以确保自己能有一个无忧无虑的晚年。商业保险通常是他们选择的对象。简而言之，农村养老保险、家庭成员支持、商业保险构成了这种类型农民工老年生活的支柱。

另外，区域经济实力直接影响着当地养老金计划，在本次调查中，河南和浙江的两个个案充分说明了这一点。在浙江，强有力的集体经济使得来自村集体的补贴占了很大的比例，但在河南，农民工依然要自己承担大部分养老保险的费用。

个案 2：张某，女，今年 38 岁，河南信阳人，2005 年到北京打工，现在在一家饭店打工，目前一个月收入是 900 元，因为饭店提供食宿，每个月她还能存 800 多块钱。她的丈夫也在北京打工，每个月收入在 1 500 元左右。他们有一个女儿，在老家的学校上中学，由爷爷照顾。张的公公和他们生活在一起，所有的花销都是他们夫妻二人提供。每个月 2 000 左右的收入意味着这个家庭的经济状况不是特别好。

张所在的村庄这几年经济状况恶化了很多。一方面，自然环境的恶化（地下水被周边的工厂污染）使得农业生产变得几乎不可能；另一方面，村里没有自己的集体企业，一些土地租给了私营企业和个人，但每年来自土地租赁的收入很少。总体来看，这个村庄在河南农村非常普遍。

这个村庄其实早在 20 世纪 90 年代初就曾经实施过农村养老保险计划，后来因为多种原因而停止实施，事后有关部门既没有对外宣布政策的进一步发展，也没有对积累的资金进行评估。直到 2009 年，河南省政府选择了 21 个试点县开展新农保（其中一个就是张某所在的地方），这个村庄才再次开始实施农村养老保障计划。张在 2010 年年初参加了这个项目，每年缴 400 元。存入她账户的还有来自中央政府（每人每年 55 元）、河南省政府（每人每年 20 元）、市（每人每年 5 元）和村集体的补贴，累积 85 元左右。

但是，据张的介绍，这个政策在这个村庄的进展缓慢，这个村许多外出打工的人并没有像她那样积极参加。这不仅仅是因为商业保险设计的各式各样的保障产品对他们更有吸引力，更重要的原因还在于那个老的养老保险不良的实施情况。他们在观察这个项目的实施情况。

……这取决于社会养老保险未来的发展情况。如果不会发生大的政策变化，肯定会有很多人参加。我也很担心这个政策未来会不会变……我总是觉得参加养老保险的时间太长了。我现在快 40 岁了，我还必须交 20 年的钱。一年 400 元，我得交多少钱啊！谁能想象得到 20 年之后它会是啥样子。（个案 2，2010/07）

总之，过去不愉快的经历使得农民工对待新政策的态度非常谨慎，尤其是当它牵涉到一个长期的政治保证时，很多人会怀疑它的稳定性。至于张自己，她对能有这样的政策感到很高兴，即使她也不敢肯定这个政策最后的结果是什么。她把这个政策视为自己为年老进行的投资，即使来自公共财政和村集体的补贴占了一半的比例。她期待以后每个月能够领取 400 元的退休金，虽然这个金额还不能保证她能够过上一个无忧无虑的晚年。另外，她和丈夫同外出打工的人一样，也为自己购买了商业医疗保险，按照合同规定，他们现在每人每年交 1 000 元，要连续交 10 年。万一得了严重疾病，他们将一次性获得 5 万元的赔偿。而购买商业保险的目的，就是为了减轻女儿的压力。

……如果我能在 70 岁之前一直很健康，保险公司就会把我交的钱返给我，

就当是存银行了。如果我得了重病，他们就给我5万元。这就能减轻我女儿的负担。毕竟，我们现在只有一个孩子，对吧？农民和城里人是不一样的，他们的医疗保险很多，我们的还不够。（个案2，2010/07）

根据张的介绍，村集体非常努力地想办法鼓励他们村里的人参加这个养老金计划，但是，因为整个地区经济形势都不好，他们村的经济实力也非常有限，能够给参加保障的人提供的支持非常少，甚至于只能给其中一部分家庭一点补助，比如只给那些有一个孩子的家庭，以抵消家庭支持功能的衰退。

国家在养老方面对农民、农民工的忽视和支持不足，使得很多农民工都觉得不满。尤其是当他们进入城市打工，近距离感受到城市居民享受到的各种保障和福利后，他们更觉得自己是被剥夺的。因为目前这个政策只能提供有限的养老金，所以对于像张这样的农民工来说，年老之后的生活保障、经济安全仍然是一个遥远的梦想。

我参加这个项目是希望到时候能够得到经济保障……希望政策不要变。如果真的变了，我们也没办法。我参加的主要目的就是为年纪大做准备……但问题是，现在的养老金太低了。（个案2，2010/07）

许多来自经济发展水平和河南农村相近地区的农民工遇到的情况和张非常相似。虽然新的养老金方案想要保障农民、农民工的老年生活，但其主要责任依然是个人。尽管省、市、乡、镇等各级政府部门和村集体给予了一定金额的补贴，但他们的支持功能仍然非常有限。至少在张所在村庄，大多数的农民工觉得这样的政府补贴无法激励他们积极参与。另外，过去养老保障制度的不良影响使得他们对新方案不信任这种情况仍然存在。同时，实施新的方案之前私人商业保险的引进在一定程度上也影响到他们对新政策的积极性。

由于这些不利条件，新农保对来自这些地区的农民工能发挥什么样的作用，这还是未知数。缺乏公共财政的足够支持，农民工的老年保障还是落在了子女身上。然而，计划生育政策的实施和不稳定的就业市场，使得来自家庭的支持功能下降，依靠子女养老的这种想法变得更加脆弱。

另一个来自四川省的李某（个案3）也是这样的情况。

个案3：李某，女，1964年出生，四川江油人，一家4口人（她的丈夫、儿子和儿媳妇），家里有4亩地，主要种植小麦、玉米等农作物，自从她和丈夫都外出打工后，现在主要由家里其他亲戚耕种。李的丈夫跟着村里的人在广州一个工地工作，主要是铁路保养，一个月能拿1 000元左右。她自己在北京一家熟人开的四川饭店打工，一个月有800多元。她的儿子和儿媳都在江油市打工，工资不高。李说如果以后找不到更合适的工作，他们就会回到村里。李的儿媳妇是邻村的，她的收入主要给自己的父母，只是偶尔给家里一些钱来购买日常生活用品。总的来说，这个4口之家一个月的净收入在3 000元左右，每个月能够有一点储蓄。李曾打算回家在4亩地上种蔬菜和水果，但这需要投入10万元。虽然李认为这是改善未来生活的一个必要步骤，但这笔投资已经超过了这个家庭的财政能力，最后不了了之。

四川江油是全国首批新型农村社会养老保险试点县（市），村里的宣传力度非常大。李在去年参加了新农保，每年缴费100元，预期在60岁时每个月领取200元左右的养老金。李对这个收入感到很高兴，毕竟，200元对于这个经济一般的家庭来说，已经不少了。并且，儿子和儿媳的收入也不高，一个月能拿到200元而不用去问儿子要，这更让李觉得高兴。

200块，说实话，是不够用的。你知不知道一公斤猪肉多少钱？如果再买点蔬菜和水果，这得花多少钱！所以它（养老金）是一种基本费用。（个案3，2010/07）

尽管为能享受到养老金而感到高兴，李也明显地意识到政策会导致城市与农村地区老年人的不平等待遇。农村老人根本无法享受到城市退休人员的乐趣。毕竟，200元的养老金和城市养老金相比，差得太多了。她认为，即使家人和孩子们应该承担农村养老保障的责任，国家也不应该逃避对农民工、农村老人的责任。

城里人老了之后就有养老金。难道农民不可以分享一些这样的好处吗？总是说要消除城乡差距，根本消除不了！……谁给农民钱？（个案3，2010/07）

另外，李的经济情况也不允许她去购买商业保险。国家和市场都无法依靠，李只能指望她的儿子和儿媳给她养老。

他（李的儿子）不会忘记自己的父母的……我的儿子和儿媳很勤快。我的儿媳有时会问我需不需要钱。或多或少，她都会给我。（个案3，2010/07）

子女常常是农村老年人养老的最后依靠。但是他们心里都希望自己不要成为子女的负担。因此，在没有足够的经济基础、物质条件时，在年老时工作也是一种必需而不是选择。因此，200元的养老金让李觉得有些轻松，但这终究不能改变家里窘迫的经济条件。李对国家没有给农民、农民工提供支持感到很伤心，因为她觉得她自己终身为国家服务，但几乎没有任何回报。尽管养老金有一定的积极作用，但其在预防年老阶段偶发事件上的脆弱性依然引人注目。另外，由于她的儿子学历不高，因此这个家庭的下一代向上层社会流动的可能性也非常小。总之，这个家庭脆弱的经济状况无法形成一种坚实的养老保障，即便是领取了养老金补贴，也依然无法抵御未来的各种风险。这种类型的老年人的养老，还得依靠他们自己的土地和家庭。

与河南相比，浙江的农村地区农民工养老制度实践起来是另外一种情形。过去三十多年经济的快速发展、地方政府财务能力的大幅度提高，为当地政府实施新农保、为农民工提供更好的福利铺平了道路。在我们的调查中，8位来自浙江的农民工都参加了当地的养老金计划，而且，据他们提供的信息，这个地区参加新农保的比例非常高，几乎全村的人都参加了。对他们来说，未来的生活是有保障的，前景是乐观的，而且，到了年老之后可以不用在经济上依靠子女。

个案4：范某，男，1969年出生，浙江台州人。由于家庭经济困难，他初中毕业就开始外出打工，1995 年后开始长期在北京打工，小商品批发、饭店服务生等很多工作都做过。他有一个女儿，现在在老家上学，他的妻子留在台州老家照顾孩子。范现在每个月的收入在 1 700 元左右。除此之外，他每个月还可以从村里领取 300 元的补贴。他觉得北京这边的工资不高，打算再干几年就回老家。

范所在的村庄 2004 年土地被征用，村集体得到了很大一笔收入，村民也从中获得了一笔赔偿款。当然，村里还剩下一点土地，平均一个人不足 0.4 亩，只够一个家庭种些自己食用的蔬菜。范的妻子很幸运，在他们村庄的土地被征用时，作为失地农民，她参加了城市社会保险。范的母亲现在每个月从村集体得到 270 元的养老补贴。对她来说，因为有孩子的照顾，这 270 元已经足够用了。整体来说，相比较于浙江农村其他家庭，范觉得他的家庭经济状况不是很好。

范所在的村庄在 20 世纪 90 年代中期就开始实行农村养老保障制度。因此，和浙江大部分农民一样，范很早之前就参加了养老保障，目前已经有十多年的缴费记录。每年缴纳的养老金从最初的 50 元增长到现在的 480 元。范估计等到 60 岁之后他每个月可以得到 400 元的养老金（其中 70 元来自村集体补贴），而且，这个额度还会随着当地经济的增长不断提高。回顾当初做出参加养老保障的决定，范相信这个制度会让他的老年生活得到保障。

……为什么我会参加养老保障？这是大势所趋。因为有了养老金，我老了之后的生活就得到了保障……我们村里出来打工的人大部分都参加了。（个案 4，2010/07）

范很希望他们这边也实施像上海农村地区的农村养老保障制度，这样就可以得到比目前高得多的养老金。范的家庭经济状况使他无法参加商业保险，并且，他自己对商业保险也不是很感兴趣，因为他觉得农村养老保障就足够了。另外，他相信，他的女儿以后会有很好的前途，他的老年生活会有保障。总的来说，范已经意识到他可能不会过着富裕的生活，但是，他参加的农村养老保障以及他的工作收入能够让他的老年生活得到保障。他希望在老了之后能够继续工作，而不是仅仅依靠养老金收入。

等我老了之后，我会根据我的身体情况再找一些事情来做。现在找工作非常难，尤其是好工作。现在我和妻子一个月的收入能够支付养老金，我希望这个钱能让我们以后可以好好享受休闲生活。（个案 4，2010/07）

范所在的村庄，除了有养老保障制度，新型合作医疗运行得也很好。参加新农合的农民工每年只要缴 160 元，80%的医疗费用就可以得到报销。整体来看，范对当前的养老、医疗保障制度非常满意。

农村养老保障制度的稳定运行，使得这些地区农民工的老年生活在某种程度上得到了一定的保障。尽管和子女生活在一起仍然是这个地区老年人的常见选择，但是，一定额度的退休金让他们在经济上更加独立。与子女生活在一起，最主要的作用不是经济保障，而是在年老行动不便时获得照顾。对于浙江的农民工而言，对下一代的经济依赖已经成为一种过去。

养儿防老的观念已经过时了……在浙江，谁还依靠他的子女？每个人都依靠自己或退休金。当然，也会为老了之后的生活存钱。（个案 4，2010/07）

不再或较少依靠子女，那就意味着更多地依靠养老保障。这就不难猜测，为何农民工期望政府在农村养老保障上承担更大的责任。新农保的实施、制度化的养老金计划，让农民工对国家更为信任。区域经济的强劲增长，使得村集体有能力在养老保障中承担更高份额的经济责任，这使得农民工有更好的参保热情。可以预期，浙江农民工的未来生活是充满希望的。当然，对于那些没有实施新农保政策的地区，农民工的养老保障只能是他们自己或者家庭。

以张和范为代表的这一类农民工在参加养老保障上有何特点？最显著的特点也许就是不同地区的养老制度对农民工的参与行为有很大的影响。在浙江，农村养老保障制度的稳定，使得大多数农民工都能保持稳定的缴费记录（甚至长达10年之久）。并且，随着区域经济的持续增长，村集体的财政补贴对农村工的养老保障发挥着越来越大的作用。因此，浙江的农民工是因为本地的制度而在年老之后享有较高的福利和待遇。在河南，这样的前景就比较悲观，因为整个制度框架还处在刚刚开始的阶段。并且，即使开始实施新农保，农民工也不得不自己承担更大的养老责任。相对薄弱的区域经济与还不稳定的养老保障制度，使得许多来自河南的农民工只能依赖自己的辛劳和子女的支持。

通过对河南、浙江两地农民工个案进行比较，不难看出养老金计划的核心困境，即政策的地域分割或差距。虽然新农保制度在设计上规定的是当地政府和个人是养老金缴费的主要来源，但是，只有那些富裕地区的农民工能够从中受益，来自贫困地区的农民工注定要依靠他们自己。这种情况在中西部地区（比如河南、江西、安徽、河北）的农村更是典型，很多像张这样的农民工几乎是在独自为自己的老年生活提供保障。除非中央政府能够进一步加强在农村、在农民工群体上的投入，否则，贫富地区之间养老保障的裂隙会一直存在。

（三）农民工养老的第三种选择：参加城市农民工养老保险（北京模式）

长期以来，中国中央政府未在全国范围内对农民工的养老保险政策给出一个统一的模式，因此各地在因地制宜的基础上，纷纷出台了适合自己地情的农民工养老保险制度或办法（或是包含养老保险在内的农民工社会保险制度）。这些制度或办法构成了中国现行的农民工养老保险政策的基本内容，比如第三章提到的地方政策（以上海为代表的综合保障模式、以北京为代表的独立模式）。这些政策考虑到了农民工的社会身份、来源、职业特点等，将其视为介于农民与市民之间的一个独立群体。由于地区之间的限制，这些政策都是区域性的，跨省转移的操作非常复杂。但农民工的一个典型特征就是流动性强，在一个地区内的流动、职业的流动很常见，跨省、跨地区的流动更是频繁。比如，第五次人口普查的数据表明，2000 年有 7 900 万农民工是跨县流动人口，而跨省流动者则高达 4 200 万人。如果与 1990 年的人口普查数据比较，省际迁移所占流动人口总量的比重从 32% 增加到了 54%。其中有很大部分是流向“珠三角”和“长三角”地区，广东省有 2 100 万流动人口，占流动人口总数的 27%，长江三角洲地区也接收了 150 万流动人口。这种频繁的流动导致了许多暂时没有打算定居或因客观条件限制无法定居的农民工对这样的制度兴趣不高。本次调查显示，就农民工参与的养老保障项目中，专门为这个群体设计的农民工保障参与率低于农村养老保障。

个案 5：浦某，男，1967 年出生，四川南充人。家中兄弟 3 人，他排行第二，有一个哥哥、一个弟弟。小时候家里很穷，因此在 20 世纪 90 年代初他就跟着村里的装修队来到了北京，边学边干。他的手艺很好，人缘也很好，现在已经是一名工长。除了承接所在的一家建筑公司安排的活外，他自己还通过一些老主顾的介绍，私下接了一些工程，一年的收入在 5 万元左右。浦有两个孩子，老大是个男孩，老二是个女孩。儿子现在在家里的县城上高中，面临高考，女儿正读初中，妻子在家照顾两个孩子，没有和他一起出来打工。

北京市在 2001 年出台了《北京市农民工养老保险暂行办法》。根据这个规定，农民工的养老保险费由用人单位和农民工共同缴纳，当农民工达到国家规定的养老年龄（男年满 60 周岁、女年满 50 周岁），或与用人单位终止、解除劳动关系时，可以享受一次性养老保险待遇。浦自 2004 年开始在北京市一家比较有名的装修公司工作（这家装修公司的运作模式是：公司名下有一些固定的技术好的工长，在客户和公司签订好装修协议后，具体的施工由工长负责，之后的获益由公司和工长按一定比例分成）。浦为人非常老实，个人技术也非常好，受到很多客户的欢迎，因此，公司对浦非常重视，2005 年就和浦签了劳动合同，并按规定给他上了养老、医疗、工伤、失业保险。

浦在老家的县城买了房子，说“等干不动了就回老家”。但他表示还会在北京干很多年，也表示：如果儿子能考上北京的学校，说不定他会考虑在北京买房子，留在北京。所以，虽然北京市的农民工养老保险政策在跨地区转移方面也不尽如人意，但他还可以接受。浦估计等到他 60 岁之后每个月可以得到 200 元的养老金，而且，这个额度还会随着经济的增长不断提高。

……公司给上的，我为什么不参加？虽然自己得出钱，但是公司也有补贴。有了养老金，我年龄大了后的生活就有保障了……我们村里出来打工的人也都参加了农村养老保险。（个案 5，2010/07）

浦的工作性质使他接触到的人非常复杂和多元，其中有北京市一般的城镇居民，也有许多标准的中产和上层家庭。因此，他希望自己可以得到更高的养老金，希望老了之后能像城市人一样，不再为生活担心。因此，浦还在老家参加了农村养老保险，并给自己和妻子买了商业保险。

现在我的收入能够支付养老保险费，那就多参加一些……我希望这个钱让我

和妻子以后很轻松地生活。当然，我会一直工作……不过，也要看身体情况，除了装修，我还能干别的事情……。（个案 5，2010/07）

另外，他对儿子寄予了很高的期望，希望儿子能够考上大学，能像城市人一样“坐办公室”。虽然他目前有较高的收入，几份保险让他的老年生活有了一定的保障，但是他还是希望以后能够和儿子生活在一起，毕竟，子女对老人的精神照顾非常重要。

“……最好还是能和儿子住在一起，毕竟，这是中国的传统！”（个案 5，2010/07）

当然，与城市居民的接触和在北京近 20 年的打工经历让浦深刻体会到了城乡之间的差距。虽然他觉得自己以后的生活有了保障，但还是希望政府在农民、农民工的保障上能够承担更多的责任、提供更多的支持。

另外一个参加了北京市农民工养老保障的个案和浦比较接近，但在养老观念上存在着比较明显的差异。

个案 6：江某，男，1971 年出生，福建泉州人，初中文化程度。1996 年初中毕业后就来到北京打工，现在是北京一家中等规模饭店的厨师，每个月收入在 3 000 元左右。他有一个儿子，现在在老家上中学，妻子留在家里照看孩子，每个月他会寄 700 多元钱回家。他的厨艺很好，所在饭店对他很重视，单独给了他一间宿舍住。2007 年，饭店给他上了农民工养老保险，每个月他个人缴 70 多元钱，对此他表示还比较满意。

……我在的饭店规模还可以，也比较规范，该上的保险都给上了……可能他们也不想上，可以省下不少钱呢。但现在都上了，不上的话，我就跳槽走人……去哪都能干……以后说不定我自己开一个饭店，不给人打工了。（个案 6，2010/07）

江在北京打工的时间已经有 15 年了，期间他结识了许多在北京打工的人，但以其他省市的人居多，和他来自同一个地方的人很少。这也许和泉州本身经济发达、当地外出打工的人不多有关系。对于自己目前的收入，江表示不太满意。

在泉州，这个收入很低……不能和家里的人比……（个案 6，2010/07）

所以，江表示在条件合适时会自己出来单干，自己开一个饭店。他现在正在存钱，一部分用来以后开饭店，另一部分用来养老。

如果饭店能开起来，那就什么都不用担心了。（个案 6，2010/07）

按照目前的缴费情况，如果江在 60 岁以后还留在北京，那么那时他每个月能领取的养老金在 200 元左右。江觉得这个金额没有什么用途，但对此也不是很在意。

在北京一个月 200 多块钱能管什么用？吃饭都吃不饱，更不用说干点其他的事了……单靠这个钱养老，肯定不够。单位给上了，有总比没有好吧？……以后还是要靠自己挣钱……开个饭店什么都能解决了。（个案 6，2010/07）

因为有了寄托和理想，江对目前农民工养老保障水平不高的事实没有过多评论。但是，江还是希望政府能够对农民工有更多的投入。

江的儿子现在在读初一，学习成绩一般，对此江表示：

只要他不学坏就好得很。当然，只要他愿意读书，我们会让他继续读书。……就他这一个孩子，哪能指望他来养我们？……还是自己管自己行得通。（个案6，2010/07）

长期的两地分隔，使得江和儿子的关系很微妙。因此，他觉得自己和妻子老年之后的保障还是靠自己，但是如果儿子愿意和他们住在一起，他也不会反对。

以浦和江为代表的这一类农民工在参加养老保障上有何特点？最为显著的特点就是，用人单位的态度和选择对农民工参加养老保障政策有着非常显著的影响。本类型的两个个案现在的工作单位均比较正规，而且他们长期在北京范围内活动，因此，他们会积极响应政府的决策，支持自己的员工参加保险。那些规模小、用工不规范或业务领域在其他地方的单位，在农民工参保方面的积极性明显很低。在北京打工时间较长、以后考虑留在北京或至少5～10年内不会离开北京是这个类型农民工的另一个特点。这一特点使得农民工个人对参加保险的热情比较高。但是，现行制度的保障水平较低，农民工自己必须承担更大的养老责任。所以，他们对政府提高支持力度表达了渴望。总的来看，他们自身经济实力较强且有较好的职业发展前景，因此，他们对自己的老年生活没有特别多的担忧。但他们也意识到，以后的养老寄托在政府身上是不现实的，他们最终能依靠的还是自己。

（四）农民工养老的第四种选择：参加城镇养老保障

调查中，笔者发现有少数北京农村户口的农民工参加了北京市城镇职工养老保险。他们的户籍依然是农村户籍，身份仍然是农村的农民，但在一些特殊的情况下他们有机会参加城市养老保险计划。这种类型的农民工是最幸运的，因为他们可以享受到和城镇居民一样的社会保障水平。城镇职工养老保障制度初步建立于20世纪50年代，20世纪80年代后期以来，中央政府一直试图将城镇职工的养老保障“社会化”，即将保障责任转移给企业和工人个人，这个变革导致了城镇职工养老保障权益的下降。传统的“铁饭碗”被大幅度削减，这使得城市工人的不安全感日益增加。然而，不论是风险覆盖面还是保障水平，城市养老保险都远远超过了农村户口成员可以享受到的保障。特别是对于农民工，参加城市方案真的是莫大的幸运。

上文已提，这些幸运的参加者都是来自北京郊区、具有北京农村户口的农民工，而且，他们的职业大多为自雇用者或在外企工作（这些单位的职工可以参加城镇职工养老保障）。

个案7：范某，女，53岁，北京市朝阳区某村村民，有一儿一女两个孩子，丈夫在一家私人建筑队打工。范的文化程度很低，小学没毕业就不再读书了，因此早年只在家里干农活（家里有4亩多地），主要种植小麦、玉米等农作物，有时候会种植蘑菇以获得额外收入。35岁那年，她开始在村集体的工厂打工，空闲时间忙忙农活。10 年以后，这个工厂卖给了一家外企，所以范就幸运地成了一个外资企业的职工。范的公公婆婆 5 年前去世，女儿也已经出嫁，现在她家的成员是范、范的丈夫、儿子、儿媳妇、孙女，共 5 口人。范的儿子和儿媳都在一家私营企业打工，每个人月收入能达到 1 100～1 200 元。因为参加了城镇职工养老保险，范在 55 岁之后每个月可以领取近 900 元的养老金。总体来看，这个家庭的经济水平在笔者访谈的农民工中处在上层。

范参与城市职工养老保险是几个偶然因素共同作用的结果。和北京地区的很多农民工相似，范在 1992 年也参加了农村养老保障计划。当时的缴费方案是，她自己每年缴费 60 元，她所在的村集体工厂也承担一定的补贴费用。在交了 2 年保险费后，范因为工厂不再提供补助而退出了这个养老金计划。当这个工厂被外企收购后，根据北京市城镇职工养老保障制度的有关规定，她有机会参加城镇职工养老保险计划，因此，范就趁机参加了城镇养老保险，目前她已经连续缴费 8 年。另外，在范工作期间，她所在村庄的土地被市政府、镇政府征用。为保障失地农民的生活，镇政府出台了一项政策，即为失地农民一次性缴纳 25 年的养老保险费用。这个政策使得范的养老金账户直接达到了北京市城镇职工养老保障政策对缴费年限的要求。

从城市养老保障得到的慷慨的养老金确保范在年老之后不再需要来自子女的经济支持，这是她之前从来没有想过的。在村里土地被征用之前，她非常努力地工作以维持家庭经济，除了在工厂工作，她还继续种着家里的农地。但是现在，有了稳定的养老收入，她对于年老后的生活非常乐观。退休后的美好生活对她而言，已经是一个现实，不再是一种梦想。

不管孩子们对你有多好，都不如有国家的保障。如果孩子们孝顺，他们会给你钱。但是，如果他们自己都没有多余的钱，还问他们要钱的话，肯定会有冲突。有了养老金，我就可以靠自己了。（个案 7，2010/07）

范在年轻的时候曾经打算购买商业保险，但受到经济状况的限制，一直没有实施。现在她已经不打算购买商业保险了，因为她现在的年龄已经太大，买商业保险的话需要缴纳一笔非常高的保险费。虽然范没有参加，但她的孩子们利用其年龄优势，已经为自己购买了几项商业保险。对于那些能够负担商业保险费用的农民工来说，商业保险是能够发挥作用抵御潜在风险的。

对范来说，现在生活中唯一的潜在风险是疾病。范已经参加了新型农村合作医疗，但是，她意识到，新农合能报销的钱实在是太少，万一得了严重的疾病，她依然需要从她的孩子那里寻求经济支持。

如果你的身体很健康，什么病都没有，那就最好了！孩子们也不需要付医疗费。但是万一生病，就会给他们增加负担，他们就不得不照顾你。（个案 7，2010/07）

如果不考虑这种潜在的风险，范对她目前的生活非常满意。并且，因为有一份固定的且足以应对日常开支的养老金收入，她对退休后的生活也很乐观。她表示退休后除了做做家务，还准备在附近的一块荒地上种些蔬菜。当然，这只是作为一种休闲活动，而不是为了生活。在她看来，农村老人最普通的休闲活动就是在地里干活。

另外一个参加城镇职工养老保险的个案也是来自北京郊区的农民工。在她看来，尽管目前个人交的费用高于参加农民工、农村养老保障的费用，但其预期的养老金受益远远高于前两项。

个案 8：曹某，女，45 岁，北京市海淀区某村居民，高中毕业后在一家毛巾厂工作了 15 年。因为工资太低，1995 年她与丈夫在家里开了一个杂货店。从那时起，曹就成了一个个体户。现在她家一共 5 口人：曹本人、曹的丈夫、公公、婆婆和儿子。她的公婆没有工作，主要依靠他们夫妻二人照顾。

曹的丈夫是镇上一个单位的保安，每个月收入在 850 元左右。她的儿子在高中毕业后去了一个工厂当司机，每个月 1 000 元工资。她家的杂货店之前生意很好，但现在村里开了很多这样的杂货店，竞争很激烈，生意不如以前了，一个月只能赚 700～1 000 元。除了这些，曹将家里的一间房子租给了外地来的农民工，每月的租金是 550 元。曹觉得她家的经济状况比村里平均水平要差。

10 年之前，曹所在的村庄的土地开始被征用，一些民营企业在那里建了许多工厂。根据当地的政策，这些公司应向市政府、村集体交纳定期补偿金，然后再由这些部门将部分赔偿金分给被征地的农户（目前为 3 000 元一年）。同时，所有登记被征地的农民转为市民（即农转居）。不论就业类型，这个村庄所有的失地农民都参加了城市养老保险计划。也就是在那段时间，曹同她的丈夫、儿子一起参加了城镇职工养老保险。

当时，我想，如果参加了城镇养老保险，我老了之后得到的保障肯定比农村养老保障高得多！（个案 8，2010/07）

在城市养老保障计划中，曹选择了最低层次的缴费水平，从最初的每个月缴 48 元钱，涨到现在的每个月缴 586 元钱。对于开杂货店、每月收入只有 1 000 元左右的曹来说，这个费用的确非常高。如果她是企业或公司的员工，她还可以从单位那里获得一定的补贴，但她是个体经营者，只能个人承担这笔费用。不过，由于丈夫和儿子都有工作、都能赚钱，曹觉得她可以继续加入城市方案。毕竟，相对于农村养老保障制度、农民工养老保障制度，城镇职工养老保障制度以后提供的保障水平是不能被超越的。

关于疾病，曹很少担心，因为她参加的城市保障计划包括了医疗保障。当她的医疗费用超过 1 800 元时，这个医疗保障可以报销超过部分的 90%。也就是说，在患了严重疾病的情况下，虽然被保险人自己也要承担更多的费用，但其参与的医疗保障会分担大部分费用。

现在的感觉是，当我们老了以后，政府可以帮助我们维持老年的生活。我们不用再担心老了之后没有钱怎么办。当老了以后，我们可以靠我们自己，不需要

问孩子要钱。（个案 8，2010/07）

曹的公公和婆婆现在和他们生活在一起，在村里土地被征用时，公婆的身份也变成了城镇居民。村里为他们提供了一种特殊的老人福利计划，他们每个月可以得到 360 元的养老金。另外，加上征用土地的补偿效益（一年 3 000 元），两位老人的生活过得很好，而且不需要曹夫妻二人的进一步经济支持。因为曹的儿子还没有结婚，所以她现在把所有的收入都存起来，为他未来的婚礼做准备。在农村地区，这种情况，即父母为子女的未来发展进行积蓄非常普遍，即使他们可能不需要甚至不期望在他们的晚年时得到来自孩子的任何实质性支持。家庭支持被理解为两代人之间的相互帮助。当前，养老金已经取代了家庭的经济功能，但家庭仍然保留了其对老年人给予非正式关怀和感情支持的功能。

总之，这个类型——参加城镇职工养老保险是许多农民工梦寐以求的。由于它的罕见，在笔者的田野调查中，只有两个个案符合这一情况。这两个个案的情况与其自身的职业高度相关，一个个案是在一家外企打工，另一个则是经营杂货店的个体户。众所周知，城市养老保险计划会提供更高的效益、更大范围的风险应对机制。他们属于幸运儿，抓住了由法律的规定提供的机会。尽管对于其中一个个案而言，参加城市保险计划的费用非常高、经济负担比较重，但她毫不犹豫地参加了这一计划，因为她非常清楚，这是一个未来的投资，而且收益非常高。参与城镇养老金计划，可以让他们在养老时从经济压力以及与子女发生冲突的可能中解脱出来。这一类型的农民工对退休的前景以及个人的经济独立有强烈的信心。与第一种类型的农民工（他们根本不期望有任何养老金，而且未来的生活有高度的不确定性）相比，这是另外一种典型。这一类型显示，只有在非常罕见的情况下，农民工才可以加入并从城市社会保险中获益，绝大多数的农民工依然或多或少地依赖自己为老年生活进行的储蓄或子女的支持。

（五）农民工养老的第五种选择：因为土地被征用而获得了养老保障

这种类型的农民工主要是指那些因土地被政府征用而参加了养老保险的人，他们在农民工群体中只占很少一部分。快速的城市化和工业化对土地产生了强烈的需求，征用农村土地用作其他用途成为一个非常普遍的现象。为了减少征地过程中的阻力，当地政府被迫对那些土地被征用的农民提供养老保障，或提供其他方式去弥补他们的损失。

国家并没有关于征地补偿或征地后建立农村养老保障的统一规定，因此，这种情境下出台的政策都是地方性的。在定量研究中，笔者遇到了这样一个个案，他的相关信息已能够提供关于这种制度的一般情况。

这一制度的基本特征是，由当地政府从征地赔偿金中拿出一部分资金，作为农民的补偿。比如，在北京，每个村民可以获得每亩 5 万～30 万元不等的补偿，其中一部分会一次性给农民，另外一部分会留作社会保险费用。镇和村里也会提供额外的支持，如给被征地的农民安排一定的工作，或者进行技能培训（这些服务只在征地后的前 6 个月有效）。参加这个项目的农民工在他们年满 60 岁（男性）或 55 岁（女性）时，可以每月领取固定的养老金，比如每个月 300 元。但是，这种方案对被征地的农民有一系列硬性要求，从而造成了制度设计与个人需求之间的矛盾。

因为，当土地被征用后，所有的农村居民都需要去接受被安排的工作，问题随之出现。有些农民愿意去从事这些工作，但有些人不愿意，但是，在没有相应的技能去找到新工作之前，他们必须被迫接受这样的安排。这在一定程度上导致了非自愿性失业以及一定形式的社会排斥。有效的社会安全与劳动政策似乎可以克服这个瓶颈，但笔者在访谈中发现了一些完全不同的情况：

个案 9：孙某，女，47 岁，河南平顶山人，家里一共 5 口人：她、丈夫、女儿和公公、婆婆。她的女儿正在北京某个大学读大二。孙的丈夫是当地一家工厂的工人，孙在土地被征用之前一直在家里照顾老人、料理耕地，没有外出打工，是一个典型的农村家庭女性。土地被征用后，孙也开始外出打工，但因为没有技术，她只能在建筑工地打零工，每个月收入在 800 元左右。夫妻两人的收入是这个家庭的主要收入来源，一个月收入加起来也不到 2 000 元。近年来，她的公公、婆婆身体不好，需要她留在家里，负担比较沉重。虽然征地给了这个家庭一笔赔偿款，但是家里目前的经济状况使得他们非常节省，不敢有任何浪费。这样的收入状况不允许孙为她自己或家人购买任何商业保险。

2002 年，孙家里的 4 亩多地被政府征用。2004 年，这个地区开始推行针对失地农民的养老金计划。根据这个养老金计划，作为失地农民，孙获得了 50 000 元的一次性补偿款，政府从中扣除了 9 000 元作为养老金，她个人最后拿到了 41 000 元。开始实施这个计划时，村干部在喇叭里宣传这个方案。最初，许多村民拒绝合作，觉得补贴太少了，根本没办法支付以后的养老费。并且，一些年龄超过 50 岁的人被要求签订一个协议，协议上写着他们已经收到了安置款并同意自己找工作。虽然对这个政策不满，但是村民们没有任何可以选择的余地。

他们要求我们在文件上签字。至于工作，他们告诉我们没有好的工作，并且，对像我这样年龄的人，更是没有任何安排。它就像一个交易：我们拿走 41 000 元，填写自谋职业申请表，之后，我们收到了一个空白的存款小册子，等到 55 岁后每个月能够得到 300 元的退休金。（个案 9，2010/07）

征地之后，孙非常担心以后的养老，因为每个月 300 块钱的养老费实在太少，更不用说这几年生活费用大幅上升。因此，她开始外出打零工。

当谈到被征地农民的社会保障时，孙非常失望，因为她觉得许多政策都没有考虑到实际情况。尤其对于中老年人而言，问题更为严重。他们很难找到其他工作，因为一些私营企业更喜欢年轻的劳动力。并且，许多政策细节没有被清晰地说明。

浙江农调队的一项调查显示，在征地过程中，高达95%以上的失地农民表示没有看到过任何关于征地的正式公告、文件、手续，有85%的农民没有参加过关于征地问题的村民大会，还有70%的农民根本不清楚征地费数额。政府、集体与农民之间的利益分配非常不合理，征地的利益分配格局基本呈现为政府获得60%～70%的收益，集体获得25%～30%的收益，农民仅获得5%～10%的收益（杨恩举，2007）。农民的权益受到非常严重的侵害。

我向他们（村干部）问一些政策的具体细节，他们总说政策文件还没有出来。这太不负责任了！许多农民的生活都和这个政策有关系……他们（村干部）说，我们参加的这个养老金计划是暂时的，以后要参加市里统一制定的养老、医疗、失业等社会保险。（个案9，2010/07）

孙希望在她年老的时候能有稳定的收入，但在这种情况下这几乎是无法实现的。所以，她很羡慕城市居民，因为他们可以在退休后得到很高的养老金，而当她年老生活遇到困难时，只能向家庭成员寻求支持。

尽管这种政策有许多问题，但在很多地方，这种做法好像已经得到了认可。这些制度无法为那些因为失地而被迫成为农民工的一群人提供真正的保障，无法使他们应对失地之后可能遇到的社会风险。对于一些家庭（比如家中患重病的人）而言，这就像一场梦魇。

总体而言，这个类型的一个典型特点就是个人的生命历程被政府的土地政策左右。许多地区尝试使用土地补偿款以及专门针对该群体的社会保险计划来帮助因征地而被迫成为农民工的社会成员应对生活风险。然而，因为没有真正考虑现实生活的各种费用，所以这些制度的效果不好。由于获得的补偿不够，实际上弱势的农民工无法对以后的生活进行有效规划。这个群体的农民工实际上陷入了必须自己想办法找出路、依靠自己的力量解决各种风险和未来老年生活保障问题的困境。

（六）农民工养老的第六种选择：因曾经的村干部身份而获得保障

村干部是农村社会的精英，是国家政策的实施者、农村集体资源的分配者，在农村社会具有特别重要的地位，而且，他们也是第一代农民工的主要构成者。笔者的调查同样验证了这一情况。在145名农民工中，16位都曾经在村里担任一定的职务，比如会计、队长等。作为农村社会的精英，村干部能够更好地应对外出打工的各种风险，并能够找到收入较高的工作。因此，外出打工的村干部通常是村庄里经济状况较好的人，自然，他们更有能力承担养老保险的费用，而且也倾向于加入养老保障计划。在很多情况下，政府也希望村干部能够发挥一种带头或表率作用，因此，在一些地区，干部们成了农村养老政策唯一的实践者。比如，笔者在访谈中了解到，在河南一个有710户人家的村庄，只有7个人（5个村干部，另外2个是其中两个人的亲戚）参与了养老保障计划，因为村里的其他家庭无法承担这笔保障金。但是，由于村与村之间的差距，在一些经济状况好的村，每个村干部每月可以得到 300 元的退休金，而这个村的村干部在退休后每个月只能领取 80～90 元。

另外，在这个群体中，另一个比较突出的现象是村干部可以享受一些特殊照顾。比如，许多被访农民工只是近几年才参加农村养老保障计划，相比之下，许多曾是村干部的人表示他们在 1994～1999 年期间就参加了养老金计划（北京早在 1986 年就专门设计了针对村干部的养老保障），因为他们有责任促进政策的执行，并且，和一般村民相比，他们在参加养老金计划时具有一定的优势。比如，村集体承担了全部或者至少 80%本来需要他们自己缴费的部分。当然，具体补贴多少还要依据每个村的财务状况而定。除了补助个人缴费部分，不同层次的政府（中央、省、市、乡）还将一定比例的财务用于村干部的退休费用（退休年龄设定在 60 岁）。一般情况下，村干部至少连续工作 5 年才能获得这些退休金。郑就是这种类型农民工的代表。

个案 10：郑某，1954 年出生，高中文化，河南平顶山人，家里一共 4 口人（他、妻子、一个女儿和一个儿子）。他的妻子是一位典型的农村女性，忙于照顾家庭以及家里的 3 亩地。他的女儿在北京工作，儿子还在上学。郑高中毕业后（1975 年左右）就开始在村里工作，一直到 1997 年才正式退出（退出的原因是家里子女上学的巨额费用），期间曾担任过民兵队长、生产队长、村会计等职务。20 世纪 80 年代初期，郑自学了工程预算等知识，还考取了中级工程师证。不再担任村干部后，他去了一家建筑公司，主要工作是工程预算和会计。现在他每个月的收入在 3 000 元左右。

20 世纪 80 和 90 年代期间，因为村集体经济发展不好，即使担任村干部，他的收入也不高，整个家庭的财务状况比较紧张。20 世纪 80 年代，他每个月的工资只有 70 多块钱，之后虽然不断上升，但到他辞职之前，每个月也只能拿到 600 元。对郑来说，当时家里最大的支出是两个孩子的教育，每个月几乎没有剩余。现在女儿开始工作了，郑才能存下一些钱用于养老。

郑是 1994 年参加的村干部养老保障计划，养老金账户的钱主要由中央政府、市、乡、村的补贴和个人的缴费构成（集体承担了个人的缴费部分），到了 60 岁之后可以领取养老金。虽然郑在 1997 年不再担任村干部，但他在村里已经工作了 20 多年，村里依然想办法为他保留了这个资格。再过 3 年，郑就可以每年领取一次退休金（每个月 220 元）。在现在的河南农村，每个月 200 多元钱基本上够用。因此，有了这笔退休金，郑觉得他的老年生活相对而言有了一些保障，自然，他对这个保障还是比较满意。他表示老了之后就可以不再问女儿要钱了，除非她自愿给。

我告诉她（郑的女儿），只要她一开始工作，她就应该学会自力更生，不要依靠其他人，重点是为以后的事情做准备，这样她就不需要问我要钱了……我没

指望从她那里拿到钱。如果我们（郑和他的妻子）省着点花，退休金和我们的存款也差不多够用了。她可以把自己赚的钱存起来。当然，如果她想要给我一些，我也会要。（个案 10，2010/07）

这个养老金制度存在的一个很突出的问题是退休金是固定的。也就是说，郑以后每个月的养老金就是 220 元，不会有任何增长。随着物价的增长，这个养老金肯定会捉襟见肘。另一个问题是，这个退休金的支付方式是一年一付，但到底在这一年的什么时间支付并没有明确规定（也许要根据村集体的经济情况）。这种不确定让郑感到困惑，因为他不知道在哪个月他会收到全年的养老金。郑也抱怨一个月 220 元这样的保障水平。

你看，虽说我现在不干了，但我当了 20 多年的村干部！那个养老金，我认为根本就不该把它叫作退休金。而且，每年都是这 220 元！这根本不够用。看看城市工人，我父亲也是一个城市退休人员，他们的养老金这几年每年都在涨，现在一个月都能拿到 1 200 元！我读了今天的报纸，说城镇职工的退休金是一年 28 000 元左右。而我只有这么一点！（个案 10，2010/07）

郑靠他的干部身份从农村养老保障制度中有所收益。相对于城镇职工，他能拿到的退休金非常低，但已经远远超过了村里的一般农民（包含外出打工的人群）。不过，非常明显的是，城乡分割的现状也同样严重影响到村干部的收益。

除了从干部养老金计划中得到退休金，郑以后还能够从村里获得 50 元的补助（这个村为 60 岁以上老年人提供的福利津贴）。这个补贴政策从 2004 年才开始实施，主要由村集体提供资金（2003 年，村里有 400 多亩土地被征用，村集体得到了一笔赔偿款）。总之，即使没有这个福利，依靠现在收入的积蓄、养老金，郑觉得以后的生活也能很好。

郑觉得影响到他老年生活的一个风险是疾病。虽然他参加了新型农村合作医疗（每年个人缴费 30 元），但一旦生病，只有 30%的费用能被报销，如果他生重病，这对整个家庭来说将是一场灾难。

……说实话，如果得了癌症或其他一些不能治的病，你根本承担不了那个费用。举一个简单的例子，如果你得了癌症，能报销多少钱？只有 30%，但是，你自己花了多少钱？农民根本负担不了！这个医疗保险什么都保障不了！（个案 10，2010/07）

日益增长的医疗费用与新型农村合作医疗的报销比例形成了鲜明对比。对许多农村家庭、农民工来说，严重的疾病已经成为一种贫困陷阱。许多人宁愿忍受痛苦也不去治疗，因为后者会引起家庭经济的崩溃。即使是年老后可以得到退休金的村干部也不能例外，疾病也会把他们的养老保障推向深渊。

这种类型的农民工的行为有何特点？积极的一面是，他们在农村养老保障制度中占据了更好的位置。因为他们很早就参加了养老保障计划，并且政府财政承担了部分费用，个人只需要承担一小部分就可以了。和一般的农民工、农民相比，农村干部出身的农民工在养老方面有了更多的保障。而消极的一面是，因为缺乏制度框架，这个保障非常脆弱，无法根据物价、通货膨胀情况调整的固定退休金损害了这个保障的长期价值。

三、农民工参加养老保障的路径比较

面对农业收入有限的事实，很多农民外出打工寻求出路，在其他领域寻找就业与更高的收入，而非农业领域中的各种经济活动正在改变着许多农民工的生命历程。农民工群体中急剧变化的就业模式给政府设计新的养老保障制度增加了莫大的压力，使得他们不仅要满足农民工作为“传统农民”的基本需要，还要满足他们作为“产业工人”的特殊需要。这种努力的结果就是，针对农民工出台的不同养老保障模式。本章将这种变化作为分析的出发点，在分析访谈资料的基础上，详细、深入地描述了中国农民工对养老保障制度的选择以及其在决定参加或不参加养老保障制度时的主观感受。

第一种选择代表了大多数农民工在养老保障上的现状，即中国现行的针对该群体的养老金计划参与率仍然非常低。二元分割的劳动力市场导致农民工收入偏低，很多人被卷入贫困的沼泽地，几乎不能逃脱，这严重限制了他们的参保行为。在这种情况下引入任何形式的养老金计划都显得不切实际，因为个人根本负担不起，更不用说让以追求利益为目标的用人单位以及贫弱的村集体提供实质性的帮助。在农民工还在担心到哪里去赚取孩子的学费时让他们去购买商业养老保险更是一种不切实际的想法。对于农民工来说，当务之急并不是去避免养老的风险，而是争取基本生存条件。但是，没有能力为养老做准备并不意味着农民工在这个事情上的意识薄弱。恰恰相反，研究结果显示，他们对养老保障的合理状态有着明确的想法，尤其对于国家的责任更是明确。类型 1 的农民工是这个群体中最庞大的群体，保障他们晚年生活的路途坎坷而艰难。

第二种选择描述了农民工在户籍所在地参加民政部推行的“新农保”的路径。新农保的前身“农村养老保障”早在 1992 年就被引入，其方案在实施过程中被地方政府根据当地情况进行了多方面改造，但是，其基本的自愿原则和个人投资账户是所有地区都遵循的原则。此次推出的新农保在坚持自愿原则的基础上，在账户组成设计上有了全新的突破，比如引入政府的责任，但其在实践中也出现了显著的地区差异。因为地方政府和村集体的经济实力会决定他们对每一个参保农民工资助的力度。遵循这个逻辑，我们可以观察到新农保在补贴和福利水平上的城乡差距、地区差距。来自富裕地区的农民工会因为其所在地区集体经济实力的强大而获得较高的保障。而来自贫穷地区的农民工仍然饱受区域发育不全、集体经济实力薄弱的困扰，不能有令人满意退休金。养老保障上的贫富两极分化现象正在形成。这种内在的不平等还大大影响了当地农民对公共养老金的认知和评价。

比如，几乎所有来自浙江的农民工都认为国家保障的是他们老年生活的重要依靠，而来自河南、江西的农民工则对此不确定，并更倾向于自我保障和家庭支持。该选择指出了当今社会一个最根本的事实，即经济发展以及地方政府财政能力在农民工养老保障中扮演着重要角色。

第三种选择主要描述了农民工在打工所在地参加“农民工养老保障制度”的路径。这一农民工养老保障制度是农民工打工所在地政府专门针对该群体设计的，这些方案是在参照城镇职工养老保障、农村居民养老保障制度的具体方案、实施原则等基础上，综合考虑农民工这个群体在就业、定居等方面的特点而设计。本项研究受调查地点的限制，主要以北京为代表的独立模式进行了分析。参加这一模式的农民工是农民工群体中收入处于中等水平的一群人，相对于第一、二种类型，他们在收入、工作场所的环境、职业声誉度等诸多方面都有着突出的优势。但是，研究显示，这个有优势的群体在能否参加农民工养老保障制度这个问题上的自主性是非常有限的。因为在很多情况下，用人单位的态度和选择决定了他们能否参加这个制度。在那些规模比较大、人事制度比较正规的单位打工的农民工，他们参加养老制度的可能性和概率远远大于在那些规模小、各种制度不健全的单位的同伴。另外，有定居倾向或者打算长期在该地工作也是这个类型农民工的另一特点。不过，不管哪一种模式，现行专门针对农民工群体的养老制度的保障水平都较低，农民工自己必须承担更大的养老责任。另外，这个制度本身也在不断变化，其稳定性较差。这个专项制度的发展有光明的前景，但道路会非常坎坷。

第四种选择是农民工参加养老保障的罕见的个案。这一类型的农民工的优势在于他们可以依据相关制度规定获得更高的养老金。就具体分析的两个个案，其就业状态（在外企打工或自我雇用）使得城市社会保险制度在适当的时间为他们打开了大门。农民工抓住了这些罕见的机会并开始了这个计划。对他们来说，参加城市养老保障意味着老年生活有了一种保障，因为这一制度的养老金金额高于其他任何一种农村养老金计划。显然，他们选择加入也是基于这样的认知，即他们清楚地知道城乡居民社会保障的巨大差距。在访谈中，笔者可以明显地感觉到两位受访者都很清楚参加城市方案带来的好处，从而毫不犹豫地加入。有了保障水平相对较高的城市养老金，这种类型的农民工有信心他们可以过上一种无忧无虑的老年生活。然而，这种类型的农民工应被视为一种例外。

做出第五种选择和第六种选择的农民工在该群体中占的比例非常少。第五种选择主要涉及的是因为土地被征用被迫成为农民工的人们。他们失去了赖以生存或作为最低保障的土地，成为一个最容易受到制度影响的弱势群体。因为从来没有学习过就业技能，他们的失业风险非常高。低廉的或一次性的赔偿款以及固定金额的养老金已经无法帮助他们应对生活中的风险。没有一个设计良好的政策框架来满足他们的需求，这个群体成为劳动力市场中力量最弱的群体。虽然职业训练课程的内容被设定为学习与劳动力市场需要匹配的新技能，但是三心二意的职业介绍以及不完整的课程安排破坏了预期的政策效果，结果是这一类型的农民工几乎陷于困境。这一类型的农民工对一个设计合理的养老保障制度有着更为迫切的需求，但现有养老金制度的低水平无法满足他们的要求，他们的养老保障在很大程度上依然取决于他们或他们的家人能否找到合适的工作。

中国的农民工队伍中有一个特殊群体——曾经是村干部的一群农村精英。因为特殊的地位，相对于绝大多数农民工，他们的处境不是非常艰难。第六种选择就是对这些群体的描述。作为曾经的国家政策的底层执行者，许多地方的村干部被国家授予了一些特别奖励。在养老问题上，当地政府会专门针对村干部和工作人员设计一种养老金计划，或者在现有制度上给予他们特殊的照顾。与不愿负担农民或农民工养老保障的态度相比，他们在对村干部的照顾上扮演了积极的角色。多元的参与主体（中央政府、省、市、乡或镇以及村干部本人）是这个制度的特点。在国家强有力的支持下，村干部在自身缴费较少的情况下获得了较为慷慨的养老金。即使在不富裕的村庄，村干部也能够获得一定的补助或养老金。而且，即使他们离开村干部的位置选择了外出打工，他们依然可以继续享有很多权利。然而有趣的是，即使他们具有了一般农民工没有的优势，他们在养老保障中的位置依然受限于中国社会政策城乡分割的现实。虽然他们获得的养老金收入置换率保持在一个较高的水平上，但相对于城市还是有悬殊的差距，并且，这一水平不会随着经济的增长进行动态调整。整体来说，相对于一般的农民工，这个特殊的群体享受到了更好的养老保障，但依然和城市居民存在差距。

从 20 世纪 90 年代中期以来，许多地方政府开始根据各自的情况制订了针对不同类型农民工的养老金计划。中央政府、地方政府以及农民工个体的财务责任以及关系架构的不同，使得这些政策呈现了多样化的特点，尤其是在经济贫穷和富裕地区之间，形成了巨大的差距。因此，通过访谈可以看到，除了个体经济状况这一影响因素之外，制度上的差异对农民工的选择深远的影响。

第八章
农民工老年生活的计划与安排

在进行个人生活规划时，农民工必须找到一个契合点，即养老保险制度可以支持他们关于养老的规划，他们需要考虑做出一个决定会带来什么样的后果、其他人会对这样的决定有什么样的反应等问题，并需要在这些矛盾中找到一个多方可以接受的结果。因此，农民工对个人和养老保险制度之间定位和关系的感知，影响到他们在养老保险领域中的行动取向。上一章具体描述了农民工参加养老保险的不同路径及参与现状。那么，农民工是如何诠释和评估他们可以参加的养老保险制度（如果参加的话）的呢？更进一步的问题是，参加了不同养老保障的农民工又是如何诠释他们当前的生活状态的呢？以及他们根据现状所做出的判断会让他们对自己未来的生活尤其是老年生活做出什么样的安排？基于上述考虑，本章将进一步深入分析农民工的社会行动以及他们对这些行动的诠释。根据访谈资料，本研究将农民工的反馈划分为四种类型。接下来，本章将结合调查中的具体个案对每一类型进行详细说明。

一、农民工对老年生活的安排类型

（一）第一种类型：宿命论者

第一种类型是“宿命”型。属于这一类型的农民工主要来自经济不发达地区，那里的集体经济非常薄弱，既没有开展国家农村养老保障，村里也没有任何养老金计划。并且，他们的亲戚也都是农民，种地是主要收入来源，因此大部分家庭经济情况不好。他们本人文化程度不高且没有什么技术，在北京从事的工作收入很低。多重的弱势使得他们陷入了贫困的恶性循环圈。他们甚至已经不能承担任多余的支出，哪怕是用于缴纳养老保险的费用。对于老年后的生活，他们唯一能够依靠的就是自己的打工收入。这一类型农民工的策略的典型特点是：对克服贫困和生活中的困难无能为力，因此他们主观上对于限定的情况以及摆脱僵局的希望和努力持一种消极态度，这一态度使得他们处于一种对目前和未来的生活失望、绝望的状态。"宿命"这个词描述的就是这样一种状态：农民工个体从被动、消极的角度来看待他们的生活，并且没有制订计划以摆脱这一窘况。并且，消极的态度导致他们目前的生活情况更加恶化。因此，有一个得到保障的老年生活成了一个遥远的梦想，他们渴望但是无法抓住。消极对待未来的生活是这一类型农民工的主要特点。

个案 11：吴某，男，今年 46 岁，河南驻马店人，来北京已经快 20 年了，现在在北京市海淀区某小区卖菜。妻子和两个儿子现在也在北京，一家人居住在卖菜搭建的简易房中。妻子和大儿子帮他进菜、卖菜，小儿子在北京一个中学上学。吴先生家的主要收入就是卖菜。

针对过去几年停滞不前的收入，吴一直怀疑是否有可能采取措施改善家庭的经济状况和保障自己衰老后的生活。并且，他的年龄已经大了，他还要预防身体出现问题。

现在哪怕是小病，都得花几十块甚至上百块，更不用说很严重的病，那都得成百上千元，根本负担不起……想都别想！（个案 11，2010/08）

对吴来说，脆弱的家庭经济是一个很重要的问题。虽然他和妻子现在身体非常健康，可以有可靠的收入。但万一遭遇变故，他将不得不从亲戚朋友或同乡那里借钱。万一得了严重疾病，他就会放弃治疗，因为他知道，他无法负担高昂的医疗费用。

作为一个外出打工 20 多年的农民工，他非常怀疑国家是否真有意愿来帮助农民工。并且，目前的生活状况让他对国家在农民工养老、福利方面发挥的作用没有什么信心。他认为国家为农民、农民工做的事太少。尽管北京市政府近年来出台了很多关于农民工的保障政策，并且国家开始对农民、农村给予财政补贴，但这些项目所占用的公共预算依然非常少，农民、农民工从中的收益依然不多。

我们老家的村里没有什么养老保险，也没有商业保险。我只知道有最低生活保障和"五保户"。（个案 11，2010/08）

一直到笔者进行访谈，吴都没有听说过他们老家有什么养老保险政策，也没有听说过北京市的农民工养老保险政策，更不用说这些政策的功能了。一项关于北京市本地农民工社会保障参与状况的调查结果显示，25.0%的被访农民工表示对农村社会养老保险"非常了解"和"大致了解"，55.9%表示对该项目"了解一点"，"从来没听说过"的占 19.1%；有 43.5%的农民工表示对农民工社会养老保险"了解一点"，有 15.7%的表示"大致了解"，表示从来没听说过的高达 38.1%；关于城镇职工基本养老保险，45.7%的农民工表示"了解一点"，有 17.3%的表示"大致了解”，表示“从来没听说过”的占 32.6%（见表 8–1）。从上述分析我们可以看到，相对于农村社会养老保险、城镇职工基本养老保险，农民工群体对专门针对本群体设置的养老保险项目知晓度较低。

表 8–1　农民工群体对养老保险知晓度一览表（%）

项目	非常了解	大致了解	了解一点	从来没听说过
农村社会养老保险	6.4	18.6	55.9	19.1
农民工社会养老保险	2.7	15.7	43.5	38.1
城镇职工基本养老保险	4.4	17.3	45.7	32.6

但是，吴认为，随着社会经济方面的改革，是时候解决农民和农民工的问题了。

毕竟，国家要为人民做点事情。但现在的问题不在于政府能不能，而在于政府愿不愿意做。……政府要是真的建立了这样的制度，我肯定会参加的。（个案 11，2010/08）

对于商业保险，吴先生认为它主要是“赚钱”的，而不是提供保障的。

我不知道商业保险里面到底是什么。国家的保险还有一些地方监督，比如县政府、市政府。但是，谁来监督商业保险？我什么都不知道。（个案 11，2010/08）

对于老年生活，吴认为还是要自食其力，要靠自己。但是，吴知道他的能力在保障老了之后的生活方面比较有限，因此，他毫不犹豫地承认，在一些情况下养老还要依赖他的儿子。

老了之后，当然还要靠自己，不能都依靠孩子。如果他们能来看我，我当然很高兴，如果不来，那也没办法。如果他们挣钱多，我就问他们要钱。不过他们的钱只能顾着自己，我还得担心他们。（个案 11，2010/08）

在城市多年的打工经历让吴直接观察到城市职工退休后的生活，所以，他对退休后的生活有较高的期待，但他非常明白这种生活实现的难度很大：

我想退休，但不知道国家能做什么。谁不想像城里人那样生活？有那么高的工资，天天去锻炼身体，照顾照顾孙子，还能去旅游，谁不希望有这样的生活？但是，这个谁能承担得了？想想算了。

他们（城市里的退休人员）退休了每个月还能拿三四千，比我现在一个月挣的都多，哪能和他们比啊，也只能想想。（个案 11，2010/08）

城乡分割的中国社会保障制度、落后的农民工社会保障制度和农村社会，使吴产生了一种怨恨和无助感，但他认为自己是没有办法改变这种状态的，因此，他对城镇职工的优惠待遇保持了一种沉默的态度。不过，他对正在长大的孩子有一种期待，希望他们的生活能够改变。

总之，吴没法去过更好的生活，目前的工作也只能使他和家人勉强维持生计。

对于许多像吴这样的农民工，目前的收入还不允许他们有任何过多的消费，更不用说准备养老保障。中央政府和北京市政府出台的农民工养老保险制度让他看不到生活得到保障的希望，并且，目前的政策实施状况已经沉重打击了他进一步支持国家政策的可能性。理想与现实之间的差距使得吴认为，他晚年的生活会不得不依靠自己的工作或孩子。

整体环境的弱势使得这一类型的农民工对他们目前的生活以及年老后的生活保障评价很低。当意识到无法采取措施来改变逆境后，他们对任何事情都持一种怀疑的态度。另外，无助感成为宿命论农民工的典型特征，因为他们认为现状是不可能得到改变的，因此也没有采取什么积极的行动。他们能够做的，就是希望家里的作物收成越来越好、自己的工作能够一直继续并且收入能够提高，如果国家能够提供更多的支持和保障，那就更好。但是，后者看起来在未来几年内是不会实现的，他们能做的只有不断努力工作，期待这种行为能够让他们的老年生活得到一些保障。

（二）第二种类型：政策失败者

这种类型的农民工因为土地被征用而被迫改变自己的行为和生活，对于这一类型的农民工而言，许多事情都受到威胁，尤其是家庭的生活。农村集体土地产权的模糊性给了地方政府处置的空间。在集体的名义下，土地可以以低于其实际价值的赔偿金被征用。尽管一些地方政府采取了一些政策措施、建立了新的社会保障方案，以保障失地农民的生活。然而，除了少数地方如上海、北京，大部分地区采取的措施都是有问题的，而且很多措施没有得到很好的落实，当然无法满足农民工的需要。

这一类型的农民工有什么典型特点呢？那就是，征地制度对农民工的影响与其自身的经济情况有着密切联系。面对土地征用这一现实，年轻的农民工可以选择另一项工作来弥补在农业上的收入损失，有更好的机会来克服因为失地给生活带来的困难。老人和中年农民则面临着和宿命论者同样的问题：资格不够导致重新去找工作非常困难。他们丰富的种田经验或者偶尔打零工的经历无法帮助他们找到一份新的工作。这个现实使他们容易掉入贫困的陷阱。一旦赔偿款或者养老保险计划无法满足他们的实际需要，因就业上的排斥带来的经济困难就会马上浮现。

但是，与第一种类型的农民工不一样的是，此种类型的农民工愿意采取可能的对策帮助自己走出困境。比如，参加就业技能培训课程，以此提高就业能力。他们中的许多人喜欢学习新技能，并认为这是找到工作的最好方法。但问题是，地方政府提供的就业技能培训课程和劳动力市场的需求差距悬殊，这些培训根本无法帮助他们找到一份合适的工作。存在问题的政策框架逐渐限制了他们改善生活的能力，土地征用政策以及个人特质上的差距逐渐成为此类群体不幸生活的主要原因。汪某就是这一类型的典型代表。

个案12：汪某，男，53岁，河南安阳人，家里四口人，有两个儿子。过去家里有5亩多地，轮番种植玉米、大豆、西瓜等农作物，每年可以获得6 000元左右的收入。因此，虽然汪也会在农闲时间外出打零工，比如到建筑工地搬砖、敲钉子，但这5亩土地依然是家里的主要经济来源。2007年，该村所在的乡被规划为该市化工园区，许多土地被征用，用来建设制药厂等。2009年，汪所在的村庄也开始被征地，他们家的5亩地全部被征用，征用期限是30年。村集体和征地公司签的协议是每亩地补偿800元，并且按年付钱。也就是说，他们一家每年只能有4 000元的征地款。征地的公司答应在村里招用一些人，但汪的年龄已经超出了他们规定的年龄（45岁），因此汪是不能进厂当工人的。另外，政府也没有为被征地的农民提供就业技能培训。为了维持家里的生计，汪不得不寻找其他工作机会。虽然他已经过了50岁，但他还是跟着村里的建筑队外出打工。

目前，这个村里的一些人开始搬到附近的镇上居住，那些留在村里或附近地区的人，唯一可以做的就是开个卖食品的小商店或从事一些类似的个体经济活动。收入增长的前景基本上取决于个人的努力，在一定程度上也会受限于村集体的发展。

自20世纪80年代实施家庭承包责任制以来，国家和地方政府一直在宣传要保持土地政策的稳定。然而，工业化、城市化对土地日益增加的需求，引诱政府开始突破保持土地政策的信心，也侵蚀了农民对国家政策的信心。

政府说发给农民的土地60年不变。但是，这才几年就开始改变了。因此，农民觉得国家的政策不可靠。我过去的很多地都已经被征了。一个新盖的化工厂就在我家那块地附近。（个案12，2010/08）

每年4 000元的征地款根本无法维持这个家庭的花销，所以，外出打工就成了唯一的选择，否则，只能坐吃山空。作为一个已经上了年龄的农民，汪找到一份合适的工作是极其困难的。目前他可以跟着建筑队外出打工，等年龄再大一些，就没有办法再出去打工，到时候他也只能像村里的一些人一样，去开个杂货店，维持基本的生活。存在缺陷的制度设计使得这些人的生活开始恶化。

政府拿走了村里赖以生存的土地，这个村子没有土地了。国家应该为村里人安排工作，但它什么也没做。（个案12，2010/08）

在这种情况下，汪对他和他的家庭的未来感到非常不安。目前他可以靠征地款和打工收入生活，但是，他老了以后的生活状况还是取决于他的子女。在中国的农村，人们一直非常强调教育的重要性，因为所有的农民都知道，这是唯一改变他们命运、逃避不幸的办法。在他们眼中，只有高学历（比如上大学）才能获得一份好的职业和社会地位。许多农村家庭，包括汪，都把他们的希望和期待寄托在孩子身上，家里经济再困难，他们也会尽可能地在孩子的教育上继续投资。但是，目前大学生就业难的情况让他们的这个理念也受到了冲击。尤其是每年村里都会有一些关于上了大学却没有找到工作的消息传来。

关于老年后的生活，汪觉得他没有任何选择，只能继续工作。他必须工作才能维持家里的生计，而且，目前的收入让他不可能去存钱养老。另外，计划生育政策增加了子女赡养老人的负担，他很清醒地意识到，以后从孩子那里获得支持也会非常渺茫。对他而言，退休只是城镇居民的特权。

在农村，许多家里有两个孩子，虽然比城里好了一些，但是，农村没有养老保障。比较富裕的村庄会发一些养老金，但大多数村都很穷，是发不了的。两个孩子养四个老人，他们的负担太重。城里人有退休金，虽然也是两个孩子养四个老人，负担也很沉重，但他们还是好很多。（个案 12，2010/08）

从 2009 年开始，汪所在的村庄开始实施新型农村养老保险。在汪看来，这个政策的确能满足农民对退休金日益增长的需要。但是，考虑到国家政策的不稳定，他对这个政策能不能继续实施、对以后一个月能否领到养老金表示怀疑。

到那个时候，一个月 100 块钱根本不够用。100 块钱现在看都非常少了，都不能被称作钱。100 块钱能买什么？（个案 12，2010/08）

被征地的农民因为国家政策而被迫重新规划生命历程。他们被迫放弃他们的土地，并进入一个从没有进过的劳动力市场，被动成为“农民工”。伴随这一新的生命历程的更多的是就业紧张、生活的偶发事件。另外，因为没有一个完善的政策帮助其渡过这一困难的过渡阶段，所以这个类型的农民工已经成为事实上的弱势群体，站在社会排斥的边缘。之所以称因被征地而成为农民工的这个群体为政策失败者，是因为他们失去了基本生存保障（土地）、当前的生活以及未来的养老保障。

（三）第三种类型：策略使用者

策略使用者是指那些参加各类养老金计划、以确保自己获得养老收入的农民工。与那些没有任何养老保障的贫苦农民（第一种类型）和被动型农民工（第二种类型）相比，这一类型的农民工还有土地，同时他们还从外出打工中获得更好的收入。他们的经济条件允许他们拿出一部分收入来参加当地的养老保障。尽管有时候家庭经济很紧张，策略使用者还是会设法参加当地的养老保险。在这方面，策略使用者可以被称为部分赢家，因为他们能够从中国现行的养老保障制度中有所受益。但是，这并不意味着他们能获取相当高的收入。另外，不同于第一种和第二种类型的农民工，策略使用者自主规划、安排生活的能力虽然受限于社会经济状况或国家政策，但他们有更多的回旋余地来安排以后的生活和养老保障。总的来说，这个类型的农民工积极地规划生活，并利用一切可能的资源为未来的老年生活做准备。

这一类型农民工的典型特征是对个人生活规划以及个人的利益有清楚的想法和界定。对他们来说，养老保障制度被视为提高未来养老保障的资源。尽管他们已经充分意识到，参加的这些养老保障不一定能够满足以后生活的需要，但其可以作为以后收入出现短缺的额外保护，是一个对家庭保障或商业保险的补充。在这个群体看来，退休是一个没有价值的生命阶段，因为这个阶段必须依赖现有的资源来满足那时的衣食住行。另外，为了让年老后的生活得到保障，策略使用者积极管理他们目前的经济活动。

个案 13：董是山西忻州的一位农民，一家四口人。她是这个类型的典型代表。她参加农村养老保障部分是因为它是一项国家政策，更为重要的是，她发现它可以作为老年生活的辅助经济来源。现在参加养老保障计划、以后从中获取一笔养老金，是她规避老年经济风险的策略之一。

董家现在还有 3 亩地，主要农作物是小麦和大米。通常家里会留一些粮食作为家里食物的来源，剩下的卖掉，以此赚点钱。按当前的市场价格，村民们每年的平均收入在 4 700 元左右。董认为农民很难从农产品中获得高额利润。董的丈夫在北京一家私人企业做门卫，每个月可以获得 700 元的收入。董自己在北京一家小商品批发市场卖东西，平均每个月的收入在 2 000 元左右。她的大女儿今年刚刚毕业，现在在一家私营公司卖车，每个月有 2 000 元的收入，这个收入大大改善了家庭的经济状况。但是，女儿毕竟是要嫁人的，董意识到她不可能一直依赖女儿的收入。董的儿子现在还在读书，董希望他能早点毕业参加工作。

在当前的经济条件下，董一直在努力存钱，为儿子的结婚做准备。在农村，娶媳妇依然需要花很多钱。依照传统的观念，董认为老人仍不得不依靠孩子。但是，在她看来，目前国家实施的新农保政策是一种积极的措施，可以减轻孩子们以后承受的养老负担。另外，在养老问题上，她认为，家庭和政府必须共同承担责任，只有这样农民工的养老保障才能够有坚实的基础。

……没有社会保障，两个孩子以后就必须照顾四个老人……一个年轻人要养多少个老人啊……我们必须参加养老保障。（个案 13，2010/09）

她愿意参加养老保障是因为她很早之前就意识到了城乡分割这一状况。看到城市居民可以参加养老保险、可以得到政府的保护，她很疑惑为何农村居民长期被排除在这些政策之外。她还发现，现在宣传的农村养老政策满足不了农民的实际需求。虽然中国城乡差距的存在已经引起她的注意，但她除了等待农村实施养老金计划之外，什么都不能做。当她所在的村庄开始实施农村养老保险后，她毫不犹豫地参加了。

我很早就想过这个问题。那个时候，我在想为什么我们不能像城里人一样有社会保险。你看，在城市，60 岁退休的老人每个月可以领到 800 到 1 000 块钱的退休金，有些人拿的更高。在村里，我们不期望拿的更高，一个月 500 块钱就绝对够用了，对吧？（个案 13，2010/09）

即使国家在社会保障领域已经取得了一些积极的进展，董女士认为城乡之间的差距也不会在短时间内消失。

你看城里人退休之后一个月拿到 1 000 块钱已经不是新闻了，但是，在我们这里，一亩地一年也挣不了这么多。这就是差距。（个案 13，2010/09）

然而，她注意到，中央政府已采取了一系列政策来支持农村和农民，比如废除农业税、提高农业补贴。作为一个外出打工的农民，董对国家开始着手提高农村居民的生活感到感激。虽然城乡居民之间的差距还很大，但农民工已经学着珍惜任何政策的完善。董认为，不久的将来，肯定会有更多、用于改善农村、农民、农民工生活的政策被提出。

对国家有能力推动农村发展的信心也让她对商业保险有兴趣。对董来说，国家的政策主要是为了保障农民工的福利，但是商业保险的目标是利润。比如，国家的政策允许农民工根据个人的具体经济情况缴费，而商业保险要求必须有定期存款，这是参加保险的前提。

参加商业保险后，你交的钱根本不能退。如果你缴了今年的费，明年必须按时交，绝对不可以推迟。但社会保险是允许的。如果今年有多余的钱，你甚至可以一次缴清3年的。即使没有钱，政策还允许我保留这个资格。（个案13，2010/09）

尽管现在有了稳定的养老金计划，但这个政策的保护能力仍然是软弱的，因为董所在的村集体仅仅承担了一小部分责任，大部分责任都由农民工个人承担。对于农民工，改善经济情况、走出困境的唯一出路就是他们的下一代。因此，他们为了让孩子接受高等教育而不惜一些代价。对他们来说，让孩子有一个更好的未来、能够得到更高的社会经济地位，是确保他们老年生活的一种策略，是摆脱贫困最有效的策略和途径。对于策略使用者来说，这样的想法并不会因为养老保障制度的实施而改变。

至于两个孩子，不管他们的学习成绩多差，只要有可能，我们还是会让他们继续读书。不能继续待在农村了，这里没有任何未来。地里的活又累又脏，还赚不到钱。（个案13，2010/09）

董想到过退休，但她知道在当前的情况下，这是不可能的。以后能领取的养老金太低了，根本不能支持晚年的生活费。如果经济条件允许，她计划每年缴纳更高的养老费，这样以后每个月领到的退休金就更多。通过这种方法，她希望在年老的时候能够尽可能地独立生活。尽管她希望在她老了之后能够和儿子住在一起，但她也知道，儿子一旦有较高的收入，肯定会买一套房子搬出去住。另外，她并不完全确信真的到她老的时候，她的孩子们会全心全意地照顾她。即便如此，和儿子住在一起仍是最合适的养老保障。

如果我得到足够的养老金，我就不会问我的孩子要钱。但是，我希望能够和他们住在一起（个案13，2010/09）

换句话说，养老金以及与儿子生活在一起是董年老之后的两个支柱。

个案14：徐是策略使用者的另一个个案。在上一章中已经提到，浙江地区很早之前就开始实施农村养老保险计划，现在差不多所有农民都参加了养老保险。1996年，徐所在的地方政府决定实施覆盖他们辖区所有农村居民的养老保险计划。每个人每年交的保险费从最初的300元涨到了现在的480元。徐是他们村一个生产队的队长，他参与了这个政策的宣传和实施，因此，他了解这个政策的优点并决定参加。现在，年近 50 岁的徐再过 10 年就可以领取养老金了。另外，借助于浙江地区经济发展的优势，徐所在的村集体经济实力雄厚，他们村利用土地租赁获得的收入，每个月为村里每一个老年人提供 270 元的养老补助，并且会根据经济形势的变化而提高补助金。有了养老金和村集体提供的补助徐预期以后一个月能拿到 400～500 元的退休金。这个金额也许不高，但是也差不多能够维持浙江农村一个月的生活。在徐看来，这至少保障了基本生存所需。

在徐眼中，国家实施的农村养老计划是保障老年生活的一种有用的方法。

不管以后我到底能拿到多少钱，但我肯定，等我退休了，我一定能拿到一笔钱。至于它是否真的可以确保我的生活，嗯，有总比没有好。（个案 14，2010/09）

虽然和城市居民拿到的退休金相比，他们拿到的钱仍比较低，但是，和过去没有保险的情况相比，徐还是比较满意的。然而，医疗费不够用是徐非常担心的一个问题。虽然新型合作医疗制度在浙江的农村地区运行很正常，但农村居民依然没有一个完善的医疗保健体系。面对年老后日益增加的疾病，仅仅依靠新农合是不够的。因为这个原因，徐的妻子依然种着 1 亩地，希望节省更多的钱以备日后的生活所需。对徐来说，私人商业保险也很有用，但他的经济能力不允许他参加，因为他要为女儿准备嫁妆，而这是一笔很大的费用。

相对较高的公众财政支持，使得农民工对国家在农民工养老方面扮演的角色有了更高的期望。虽然子女被认为有照顾他们父母的义务，但他们在这方面的投入和可靠性逐渐成为问题。意识到劳动力市场日益增长的不稳定，徐认为将照顾老年人的责任完全交给子女是非常困难的，因此，国家应该弥补家庭功能的缺失和下降，并且还应该在农民工养老中发挥更大的作用。

国家是非常重要的。首先，国家应该实施一系列保护政策。你知道，我们已经进入老龄化社会了，这是一个很大的社会问题。国家应该完成这方面的政策，要不然这会带来非常大的问题。国家喜欢我们这一代人少生孩子、脱贫致富，但等我们老的时候，就不太好了。（个案 14，2010/09）

在徐的计划中，他的养老保障主要来自两个方面：养老金支持和个人储蓄，虽然前者占的比例更大。对他来说，想要在晚年过上比较舒适的生活，自己存钱是不可缺少的。

上了年纪的人有一个共同的想法，那就是每个人都应该在年轻和健康的时候赚钱。大部分人挣钱是为了养老用……现在我有了一点退休金，虽然少，但至少有一些。不够用时，还有自己存的钱。（个案 14，2010/09）

虽然子女和商业保险也是养老可以依赖的资源，但徐不打算使用。现在徐的女儿还住在家里，但徐表示，女儿结婚后，他不会要求她来照顾他们。

借助于区域较强的经济实力、村集体更多的资金支持，相较来自中西部地区的农民工，来自浙江的农民工所处的境况要好很多。养老保障制度的支持以及村庄福利，使得徐对于年老后生活的设想得到落实。徐希望这些制度能够稳定运行，从而让他年老之后有一个稳定的经济保障。尽管国家提供的养老金水平低于现实的需要，但徐认为有了这一资源他就能更好地组织日后的生活。正是在这个意义上，笔者称徐为策略使用者，因为他战略性地利用了公共养老策略，从而确保自己的老年生活得到保障。

那么，策略使用者在个人养老计划方面有什么特征呢？这一类型的农民工能够辨认当地经济情况对家庭经济收入的制约因素，他们也认识到薄弱的农村养老制度、农民工养老制度无法提供足够的养老金。但是，在所有既定的、不利的条件下，策略使用者没有像宿命论者和政策失败者那样对现状感到悲观和失望，而是认为情况可以变得更好。因此，他们会用积极乐观的态度来规划以后的生活。让他们能够有这样想法的部分原因在于，策略使用者有更大的空间来安排当前的生活和以后的退休生活。策略使用者将养老金视为老年生活安排的一种补充或选择，并期望其最终变为主要支柱。同时，他们已经认识到老年生活的各种来源的有限性：子女日益增长的负担、有限的养老金以及商业保险的选择性。然而，策略使用者不是沉浸在绝望中，而是在利用所有可能的资源去争取未来更好的生活。在这个意义上，这群农民工正在实施着一种可以被称为“混合福利”的策略。

（四）第四种类型：积极行动者

与第三种类型的农民工相似，这一类型的农民工也得益于他所在行业的快速发展以及慷慨的地方养老保障制度。强大的经济发展态势使得这个类型的农民工有较高的收入，而户籍所在地经济实力的强大为当地政府采取提高本地农民福利水平的政策行动提供了足够的财力。这一环境中的农民工可以在退休之后依靠坚实的养老金生活，和子女住在一起或获得家庭支持已经是一种生活习惯而不是一种必要。退休成了个人能够设想和计划的一个具体生命阶段，并且在该阶段没有必要为了获得生活保障而继续工作。当然，在一些情况下，这一类型的农民工会继续工作，但是，他们工作的目的不再是维持生计，而是将其作为一种业余爱好。利用较为完善的养老金制度，这一类型的农民工们已经成功地对当前的生活以及年老后的生活进行了最佳安排。

个案 15：钱某，男，49 岁，浙江青田人，1994 年到北京打工，现在是一家规模较大的餐厅的厨师，月收入在 3 000 元以上。他在 2008 年参加了北京市外来务工人员养老保险，另外，像大多数来自浙江农村的农民工一样，他早在 1996 年也加入了农民养老保障计划。

对钱来说，参与该计划的最初想法是寻找一个除了耕种土地、家庭照顾、自己存钱之外能够让他老年生活得到保障的方式和途径。

我觉得还是挺值的。这些政策的意思是让他们（年老的人）先用我的钱，因为我们还比较年轻，能够为那些老年人提供帮助。当我们自己老了，年轻人的钱

就会用在我们身上。那是一样的。我认为这是值得的。（个案 15，2010/09）

与第三种类型的农民工的想法非常相似，钱先生最初的想法是确保以后的生活能够获得额外的支持，能够支撑他的经济需要。虽然每月缴纳的费用从 5 元上升到 20 元，但以后能拿到的钱也会更多。这使得该方案对那些为养老做准备的农民工具有一定的吸引力。

我已经有足够的钱。说实在的，再过 10 年我才 60 岁。在这些年里，北京的平均工资肯定会持续上涨，老家那里的养老金也肯定会涨。现在这两个保险加起来，每个月我能拿到 600 元，等 10 年以后，它们肯定会涨到 800～1 000 元。养老金再加上房租，我想已经足够了。（个案 15，2010/09）

钱的女儿已经出嫁，刚刚生了孩子。尽管有了经济保障，钱还是希望以后他的女儿一家住在他附近。对他来说，父母和子女之间的相互支持仍然是老年生活的理想方式，这种对家庭团结的需要难以被制度安排改变。考虑到农村如此众多的人口，钱认为完全依赖国家养老是不可能的。因此，他更喜欢一种可以被称为“混合形式”的养老保障：养老保障计划提供主要经济支持，住在一起的夫妻和子女提供精神上的支持和日常照顾。为了年轻夫妇能够全职工作，钱让他的妻子住在女儿家里，照顾外孙女。作为回报，他希望当他们老了之后，他们的女儿一家能够照顾他们夫妻二人。在钱的退休安排中，退休金和家庭照顾是互相补充的。正是因为这一原因，钱先生认为没有必要再去购买商业保险。

换句话说，适当的养老保障制度让钱对自己老年后的生活有充分的信心。而他的老年生活的保障是由养老保障制度提供的退休金、稳固的家庭关系构成的。钱觉得他以后可以像城镇居民一样，享受退休后的生活，不用再工作。

我以前从来没有想到会有这样一天！从来没有！农民一直被认为要在地里劳动到他们干不动的那一天。但现在我们也有养老金了。我们也能抬起头了！我从来没有想到过会有这么一天！（个案 15，2010/09）

美好的前景推动着钱先生对以后的生活进行规划，以提高家庭的生活质量。首先，他打算过几年就离开北京，回老家购买房子。另外，他准备以后不再外出打工，回到家里饲养猪或鸡。养猪或鸡的做法不是为了生存，而是作为一种业余爱好。

如果到了 60 岁身体还很健康，我觉得可以继续工作。（个案 15，2010/09）

对钱来说，得益于参与的两项养老保障制度，退休意味着一个很特殊的阶段，在这个阶段，在有足够经济保障的条件下，他可以做他想做的事，而不必担心任何偶发事件。总之，他已经形成了个人生命历程中工作、退休二者顺序的具体、清晰的观点。

对于积极行动者，稳定的养老金是老年生活得到保障的前提基础。没有这样的退休金，任何规划都将是无效的。另外一个个案的经历则将这种关系描述得更为清晰。在笔者访谈的诸多对象中，葛女士（**个案 16，2010/09**）也是参加了两项养老保险：北京市农民工养老保险、浙江地区的农民养老保障。葛最初在老家参加了当地的农村养老保险。2000 年，在北京打工的葛离开了她工作 8 年的一家私营企业，跳槽去了一家日资工厂。到日本公司上班成了她参加的社会保障的分水岭，因为这个单位让她参加了北京市外来务工人员养老保险。企业效益的提高使得葛女士有资格获得更高的养老保险金。根据养老保障机构有关人员的计算，葛账户积累了足够的养老金，她在退休后可以每月领取 702 元退休金。

1994 年葛参加农村养老保险时，她还没有到北京打工，而是在浙江一家集体工厂工作。她被厂里的宣传说服，决定参加养老保险。促使她做出这一决定的诱因是她以后可以获得一定数量的退休金。

……当他们介绍这个养老金计划时，我还住在村子。我从 1994 年开始缴费……就像现在的养老金计划，个人承担一部分，村集体也会相应承担一部分。（个案 16，2010/09）

与钱很相似，葛当初参加农村养老保障时首先想到的应该为年老后的生活做些准备，并且，通过参与当地的养老金计划，她接受了“晚年”和“退休”这两个概念。

过去，我们没有那么多钱，生活非常困难。当老了并且不能再干活的时候，子女会过来照顾，但没有额外的钱可以让自己自由使用。（个案 16，2010/09）

出于这个原因，葛女士觉得应该为老年后的生活多做准备，而且她认为准备得越多越好。和许多农民工的想法一样，她觉得这种做法可以减轻孩子的负担。虽然和子女住在一起、子女照顾老人这样的传统依然非常浓厚，但是，她意识到，为了赢得子女更多的尊重，她需要保持自己的经济独立性。毕竟，向子女要钱会增加他们的经济负担，因为他们也要养育孩子和积累财富。

手里有钱的时候会觉得有底气。还可以减少和子女的冲突。（个案 16，2010/09）

对于葛而言，把子女的经济状况考虑进去，还可以减轻世代间的冲突、有利于家庭的和谐。当老年人依靠养老金可以很好地生活时，他们不仅不再是家里的负担，而且还是家里的支持。

不需要依赖子女养老的梦想在葛更换了工作单位之后变成了现实，在那里她有机会参加北京市农民工养老保险计划。这么多年的养老保险缴费记录，使得她 50 岁时就可以领取养老金了。不同养老金计划的联合使得葛能享受到的养老保险金不断提高，也使得她对养老保险制度评价很高。

我不用再为老了之后的生活担心什么了。我的儿子和儿媳很高兴地对我说：“妈，你不需要我们的任何资助！”（个案 16，2010/09）

在葛看来，农民工养老保障政策、新农保代表着国家在全面保护农民工、农民方面的重要进展。最初的农村养老计划仅仅提供了一个储蓄账户，而在新农保中，地方政府提供了很多补贴，这代表着国家和政府承担了更多的责任。在她的生活规划中，农民工养老保障和新农保的结合，保障了她退休后的经济独立。

在葛这个个案中，养老保险政策有效地改变了葛的生命历程，让葛意识到工作和退休是两个完全不同的生命阶段。并且，养老保障制度提供的养老金已经代替了土地和家庭的经济功能，同时使得家庭提供的感情支持完好无损，从而推动并保障了家庭代与代之间关系的融合。

现在，预期每个月 700 元的退休金可以让葛女士享受轻松的退休生活，可以不再为了生计而拼命工作的退休生活。46 岁的葛决定，一到 55 岁就退休。对她来说，养老保障制度规定的退休年龄也是比较理想的。但是，减轻子女负担的想法对她来说是根深蒂固的，所以她准备把家里房子的第一层出租给一家商店，这样每个月可以得到 1 000 元的房租。她还打算以后种点蔬菜，不是为了商业目的而是为了适当锻炼身体。除此之外，她希望那个时候还能再找点事情做。

像我一样，许多打工的人都希望（退休后）能够继续工作，除非身体不允许，再也干不了了。身体不好的话，当然也就不干了。像我们这一辈人，没有人喜欢无所事事。如果你的身体不行，那就留在家里，为孩子做做家务，就像城里的保姆。（个案 16，2010/09）

总之，像葛这样的农民工，即使能够得到足够的养老金，他们也会在退休后继续工作，尽管工作本身并不再有任何经济功能。对他们来说，退休意味着可以在工作与不工作之间自由选择。在大多数情况下，许多农民工会选择继续工作，原因是他们已适应了工作或干活，不干活就会觉得不舒服。

在有养老金支持的大背景下，这种类型农民工的基本特征是对年老后的生活有明确的规划，并对老年的生活保障有强烈的信心。从这个意义上讲，他们对退休的看法以及对退休后生活的安排和城市居民已经没有大的差异。总之，积极行动者充分利用各种资源来规划、组织他们现在和未来的生活，尽管在很多情况下这些计划的目的是减轻他们子女的负担而不是让退休后的生活自在、舒服。

二、农民工老年生活安排的比较

相关分析表明，在解决老年后的生活保障这一问题时，农民工面临着两个任务：一个任务是从个体层面定义他们的生活现状；另一个任务是在已有的制度框架、资源系统中设计出解决自身年老后生活保障的最优方案。通过上述类型的建构，本章深入探讨了农民工如何处理个人特质、制度安排和社会经济问题三者的关系，显示了农民工在面对已有制度框架时的个性化选择。

宿命论者未能找到解决自身养老保障问题的合适方法。经济条件的不利、个人素质的不佳为这个类型的农民工制造了一个僵局，使得他们陷入了贫困恶性循环的陷阱。并且，这些农民工家庭几乎不存在改善现状的其他有效方法。这一类型的农民工个体试图发展关于老年生活安排的策略，但因为外部结构的约束和制度真空，最终没有成功。同时，公共投资的不足使得这一类型的农民工认为国家在缩减城乡发展差距方面是失败的。他们认为政府在解决这些问题方面没有任何努力和措施，因此开始产生怨恨的情绪。这些负面因素挫伤了农民工在有效规避年老后风险方面的主观积极性。对他们来说，退休是无论多么努力工作也无法实现的目标。

政策失败者与宿命论者有很多共同点，他们在失去土地后试图寻找一个适当的位置以及努力发展人生规划的策略，但受政策框架所限。对于政策失败者而言，他们因国家政策而被置于一个死胡同中，以至于几乎没有余地来制订新的行动和生活计划。征地制度的影响大小首先取决于农民工的个人特质。在没有其他相应的补偿或工作安置时，土地被征用对于中年农民工的冲击最严重；而年轻的农民工则可以通过寻找其他就业机会较快地适应这种变化。另外，这一政策的影响大小还取决于该家庭现有收入的构成。对于那些在土地被征用之前就外出打工或从事非农生产的农民工，土地征用带来的好处远远大于其弊端。而对于那些在征地之前一直务农的农民工来说，它带来的冲击是剧烈和强大的。当前严峻的就业形势、稀缺的资源限制了农民工其他发展路的寻找。因此，政策失败者往往从悲观的视角看待整个状况。在他们眼中，土地征用使他们的生命历程发生了本质性的变化，失去土地是一项最为重要的损失。虽然面向被征地农民的社会保障方案也被设想并建立过，但这些制度本身就存在问题无法为该群体提供有效的保障。也正是这个原因，使得这个群体未来的生活前景黯淡无光，老年后的生活保障成为个人规划中一个沉重的负担。对他们而言，退休是一个没有意义的生命阶段，并且不会在他们的生命中出现。

策略使用者指的是那些采取温和方案的人群。这一类型的农民工根据他们当前的经济状况和政府补贴情况（更多的是指村集体的补贴）——是否要供养孩子上学、微薄的集体补助或只能维持较低生活水平的家庭经济来安排老年保障计划。类似于前两种类型的农民工，策略使用者也面临着个人生活和社会经济问题，不同的是，策略使用者在外出打工的同时依然拥有赖以生存的土地，并且，他们所在的村庄已经开始引入养老保险政策。所以，他们对现有可用的资源、约束条件进行评价，以寻求最佳的解决方案。他们考虑参加养老保险，因为这些政策允许灵活的加入和缴费。并且，养老保险能成为一个应对老年风险的策略，不仅仅是因为这个政策是国家制定的，更重要的是因为它可以保障老年生活。从这个意义上讲，策略使用者是活跃的社交家，他们利用所有可能的社会资源来规划以后的生活。虽然意识到现有资源（个人家庭经济、公共养老金）的缺乏，这个类型的农民工仍然觉得整个情况是可以得到控制的，并期望在未来可以得到全面的发展和改进。即使养老保障制度的功能非常有限，他们也认为这个制度能够为他们的生活提供一种支撑，与已经弱化了的土地保障、家庭支持一起，为他们提供养老保障。尽管这个类型的农民工对城乡分割的国家养老政策不满，但他们依然觉得养老金计划可以为农村居民提供更多的保护，是一种正向的事情。他们认为微薄的集体补助是必需的，而且这一群体还因为有了补助而感到高兴，因为它标志着养老保障制度取得了进步。基于不同基础的混合策略，策略使用者利用一切可用的方法来克服社会经济和制度上的障碍，并且借助这一策略来规划他们退休后的生活。

积极行动者们找到了最好的策略以确保他们的退休生活无忧。就业策略、政策调整和个人运气相结合，使得他们很早就解决了个人的生活和经济问题。积极行动者们通常在其生命历程的很早阶段就开始规划以后的生活、养老保障，并抓住一切机会来提高他们的退休金。因此，毫不奇怪的是，积极行动者们很少会选择只耕种农地，而是会尽可能早地外出打工或在非农领域就业，以取得更高的收入和社会保障。并且，借助打工所在地区经济的高速增长，积极行动者们积累了较多的财富。与此同时，他们户籍所在地区良好的社会经济发展情况使得地方政府能够投入更多的人力、物力和财力完善当地的基础设施以及福利项目。良好的外界环境使他们较为容易地达到他们自己设计的退休计划，虽然这个过程可能不会一帆风顺。即便出现变故，积极行动者也会设法灵活地应对。比如出现像退出养老计划、更换工作等意外事件时，积极行动者们会学习或采用新的对策来帮助自己渡过难关。也正是因为积极的策略、灵活的适应性，这个类型的农民工才能从当地经济发展和养老政策中受益很多。

总之，这四种类型显示了中国农民工在不同制度环境下的人生规划和主观体验，证实了在养老问题上制度框架和个人特质之间存在很强的相关性。一般来说，退休的想法和愿意做出的安排，在很大程度上取决于养老保险政策等公共方案提供的支持和个体的经济条件。制度化的生命历程，即就业和退休之间是否有清楚的分界，直接受这两大因素影响。对于宿命论者和政策失败者，弱化的制度支持和个人资源结构让他们对退休在生命历程中的意义产生了消极的印象。为了摆脱贫困，这两种类型的农民工不得不挤压可用的资源以保障年老后的生活，有时甚至还会把这部分资源用于更加急切的领域。让现状得到维持的一个至关重要的因素是这类农民工顺从的态度，他们很容易接受这样的结局，认为这是自己的命运。因此，我们可以用“消极地服从”来描述他们的态度。

相比之下，借助于强大的公共财政支持、良好的家庭经济实力，策略使用者和积极行动者对安排老年后的生活有非常高的热情，并有意识地规划自己年老之后的生活保障。富裕的物质条件使得退休成为他们生命历程中一个具体的概念和阶段，并且，这还激发他们产生了另一个想法，即老年人不应该仅仅依靠子女。相应地，我们将这两种类型的农民工看作“主动规划者”，他们积极地规划着退休后的生活。规范化、制度化的生命历程就这样被塑造。

第九章
当代中国农民工的生命历程

一、制度的规范效应——农民工的生命历程

本研究力图验证的假设之一是：中国农民工养老保障制度的实施（虽然有些还处在实验和尝试阶段）已经成为影响农民工个人生命历程的重要机制，使得农民工的生命历程开始制度化，现代社会意义上的退休已经成为农民工个体生命历程中的一个独立阶段。

本研究使用的“制度化”概念指的是在制度规定和个人主观倾向性方面使个体的生命历程区分为不同阶段。这是福利制度、社会政策和独特的个人体验相互影响的结果。具体来说，一方面，制度通过指定或规定一定年龄的社会成员可以享有的权益，赋予了年龄制度的含义；另一方面，个人的独特经历和经验跨越了不同的制度与社会结构，并形成了不同的生命历程。

在对农民工个案进行深度访谈的基础上，本研究建构了 6 种农民工参与养老保障的路径。虽然不同养老保障制度提供的补贴各不相同，但 6 种类型都显示农民工福利水平有了一定程度的提高：“没有养老保险”的类型指的是那些没有制度支持老年后生活的农民工；“城镇养老保障”则是另一个极端，相对而言，这是一种获益最多的方案。正如访谈资料显示的那样，福利水平的提高和区域性养老保障政策是直接影响农民工生命历程的重要因素，尤其是对那些无法独立缴纳保障费用的家庭，影响更是巨大。

在此基础上，本研究进一步探索和归类了农民工对养老保障的理解以及其应对老年生活风险的策略，建构了农民工安排老年生活的四种理想类型。理想类型清晰地显示了农民工两种截然不同的行动策略和主观感受。“宿命论者”和“政策失败者”的典型特征就是对不良制度的顺应和接受，这个制度要么是养老保险制

度，要么是土地征用制度。相反，“策略使用者”和“积极行动者”则显示了他们借助制度安排对老年生活进行合理规划的强烈意愿。

将农民工在养老保障制度上的选择和养老安排的不同类型进行连接，可以给我们提供一个关于养老制度安排和农民工生活规划之间关系的清晰景象。二者之间的联系详见图 9–1。

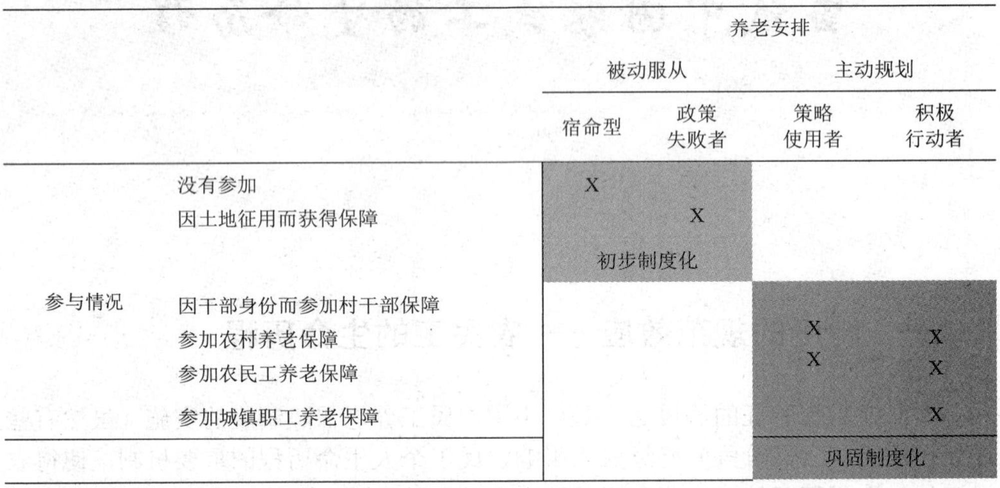

图 9–1 农民工养老保障制度的选择与养老安排示意图

上图中的 X 表示 6 种选择与 4 种养老安排之间的联系。没有参加养老保险的个案被归类到宿命型中，因为他们在生活的改善、老年的安排等方面都有一种相似的悲观看法。这种关系也可以在土地征用者和政策失败者中被发现。本研究将这些农民工的生命历程称为“初步制度化”。以相同的方式，另一个集群则是积极行动者、策略使用者和农村养老保障制度（“新农保”）、农民工养老保障、城市养老保障制度、农村干部养老保障制度之间的对应关系，本研究将这些农民工的生命历程称为“巩固制度化”。

（一）初步制度化

具体来说，在访谈的个案中，初步制度化主要涉及两种类型的农民工，一种是对退休和工作的意义以及它们之间的联系认知非常含糊的农民工；另一种是那些意识到二者的重要性但家庭经济条件不佳导致养老无法得到保障的农民工。这两种类型的农民工的共同特点是深受残缺或有问题养老保障制度的制约，不完整的制度安排、薄弱的经济实力使得他们陷入了贫困的沼泽中。除非他们能够找到更好的工作，能改善经济状况，否则，这种恶性循环很难被打破。同时，他们意识到了独生子女政策给子女带来的沉重的养老负担，也越来越清醒地认识到养老金或者储蓄养老的重要性，他们有参加养老保障的想法，但现实的贫穷阻碍了他们的实际参与。资金的缺乏、公共财政支持的欠缺以及个人能力的不足，使得他们老年生活的保障只能依赖传统的方式：土地和家庭。即使年满 60 岁以后，他们也只能继续工作因为这是维系家庭财政状况的唯一方法。另外，公共投资的不足使得这一类型的农民工认为国家在缩减城乡发展差距方面是失败的，怨恨和不满的情绪较为突出。

但是，很多情况都显示出这一集群农民工已经萌生了退休的想法，已经将退休与特定的时间联系在一起了，只是有些人的这种想法相对模糊一些，有些人则比较具体。因此，本研究将这一群体描述为生命历程的初步制度化。因为，他们的生命历程正在朝工作与退休有明确时间划分的现代形式转变，只是受到国家养老保障政策的影响而无法继续。

（二）巩固制度化

本研究将那些能够明确将生命历程区分为工作和退休两个阶段的农民工群体归为巩固制度化类型。属于这一类型的农民工群体，通常是由个体经济条件较好或来自经济发展较好地区的个案组成。一方面，他们可以借助自己的技术或技能找到一份高收入的工作，有较强的经济实力；另一方面，他们户籍所在地集体经济的发展（如通过把土地出租，村庄可以获得稳定的租赁收入）使得他们能够进入当地建立的养老保障计划。还有一些个案可以参加务工所在地的农民工养老保障计划或城镇职工养老保障计划。那些城镇养老计划的参加者甚至可以获得或期望比较合理、体面的退休金。当然，能够参加城市养老保险或村干部养老保险是一种个人运气。换而言之，与个人经济状况等因素的影响相比，养老保险制度的有效实施的影响更大，它使得属于巩固制度化这种类型的农民工在安排他们的老年生活时有了更多的选择，让他们对退休在个人生命历程中的定位和意义有着更加清醒的认识，他们开始能够以比较长远的目光对以后的生活进行规划。在国家的责任方面，尽管这个类型的农民工对城乡分割的国家养老制度不满，但他们依然觉得养老金计划可以为其提供更多的保护。

具体来说，在生命历程属于巩固制度化的农民工的老年生活安排中，经济上，养老金开始逐渐取代家庭和个人储蓄，成为主要收入来源。虽然许多人还是倾向于在 50 或 60 岁之后继续工作，但其目的是维系家庭关系或协助家庭其他成员，如许多被访个案认为照顾孙子女、做家务的主要目的是支持他们成年的子女。在家庭养老的作用上，农民工对于年老后可以不再依靠家庭的支持感到非常高兴。并且，与子女在经济上支持老人的传统养老模式相比，在一些地方，本研究甚至看到了收入的反向转移，即老人的养老金为他们的子女提供了经济支持。在这方面，我们可以说，养老保险金的确在逐渐弱化家庭在养老方面的经济职能。

总之，因为自身经济实力和坚实的养老保障制度的支持，属于巩固制度化类型的农民工对年老后的生活保障比较乐观。对他们来说，努力工作和退休的时间之间有一个比较明确的年龄界限，在后一阶段，他们可以自由选择娱乐活动。即使决定退休后继续工作也是出于自愿而不是经济的必要性。他们已经产生将生命历程划分为退休和工作的意识。不管是在物质上还是心理上，“退休”这一阶段开始具有现实的意义。

二、农民工生命历程的制度化及其挑战

（一）农民工生命历程的制度化

从农民工 6 种制度参与类型和 4 种养老策略安排类型的结果来看，国家的社会福利制度对农民工个人的生命历程产生了主导性的影响。即，既定的养老保障制度塑造了农民工个人关于退休以及退休生活安排的理解，作为现代社会生命历程重要特征的划分就业与退休两个阶段的意识，已经在农民工群体中出现。

按照字面意思，退休是“职工因年老或因公残废而离开工作岗位，按期领取生活费用”。从劳动经济学的角度讲，退休是指“劳动者彻底退出劳动力市场，不再就业或寻找工作”。也就是说，到了限定的年龄，社会成员根据制度安排有权利从养老保险中获得退休金，并且，他们（养老金的接受者）被假定要停止工作并依赖养老金生活。同时，“退休”还包含着社会成员的主观感受，而个体主观评价和决定停止工作的时间是非常复杂和不同的，即，社会成员在依据制度而做出“退休”的决定时，需要考虑做出这个决定会带来什么样的后果、其他人会对这样的决定有什么样的反应等等问题，并需要从中得到一个多方可以接受的结果。换而言之，“退休”不再只是制度化的时间或年龄上的一个定义，而是涉及规定的制度框架下的个体行动策略以及个人关于老年生活的主观规划。那么，农民工制度化的生命历程中的“退休”规划有何特点呢？见表 9–1。

表 9–1 农民工关于“退休”的规划安排

项目	对老年生活的安排	老年生活的风险	对国家的期待	对家庭养老的期待	对城乡居民养老差距的期待
初步制度化	“退休”阶段不太明确，但有意识	明确	期待政府承担责任	非常依赖	期待消除差距
巩固制度化	“退休”阶段明确，对老年生活有明确规划	明确	期待政府承担责任	依赖减弱	期待消除差距

另外，也正如本研究所观察到的，制度化的生命历程是通过制度规则和个人生命规划之间的互动形成的。在这个过程中，当农民工个体意识到年老后的生活缺乏个人和社会资本（家庭、邻居）支持时，参加国家养老保险、获得退休金就显得特别重要。正是这一点使得初步制度化、巩固制度化这两个类型形成了鲜明的对比，后一类型的农民工因为获得了丰厚的退休金支持而有了较为明确的退休意识和退休后生活安排。并且，不同养老保障制度给农民工的生命历程留下了不同的印记，使得他们的生命历程有了不同的轨迹和轮廓，也使得他们对退休的期待、感受和生活安排呈现出了差异。

尽管初步制度化和巩固制度化之间存在着显著的区别，但二者之间依然有两个共性，一个共性是关于代与代之间的关系的认知，另一个共性是关于城乡居民在养老保障上获得公正性待遇的期待。

就第一个共性，由于家庭养老的观念在大多数中国人那里是根深蒂固的，因此有人可能认为，崇尚家庭养老传统可能的家庭会拒绝参加养老保障计划。但是，实证研究发现，这样的观点是错误的。在这两种类型的农民工中，家庭团结的价值并没有因为他们可以获得日益增长的退休金而减少，两种类型的农民工在对家庭照顾的需求上没有显著差异。只是，在初步制度化的农民工类型中，家庭和孩子仍然是最主要的保障提供者，而在巩固制度化的农民工类型中，领养老金的人在没有家庭支持的情况下也可以过得很好。尽管如此，在后者当中，两代人或三代人住在一起仍然是普遍的选择。丰厚的退休金更像是一个家庭收入的一部分，而不仅仅是一个老人的收入。因此，许多可以享受退休金的农民工感到非常高兴的一个事情就是，等他们老了，他们可以不再是孩子的负担，而是积极的赠予者。在观察农民工养老保障制度实施的过程中，我们发现，家庭的经济功能已经逐渐让位给其他功能，如情感支持和日常护理。这在巩固制度化的模型中尤其明显。

就第二个共性，通过广播、电视、报纸等大众媒体以及与城市居民近距离的接触和互动，这两种类型的农民工越发意识到自己的从属地位，对国家没有给农民、农民工提供养老支持感到伤心，因为他们觉得自己把所有的努力都献给了国家，但几乎没有得到任何回报。尽管如此，农民工们仍然相信国家能建立一个稳定的保障系统，并表示愿意参加这样的保障计划，同时期待政府能够尽快出台相关政策来缩减、消除城乡之间养老保障的裂隙。

关于初步制度化、巩固制度化的类型学划分为我们提供了一个深入了解养老保险制度和农民工个人生命历程之间关系的机会。另外，值得注意的是，初步制度化和巩固制度化绝不是描述两个情况的静态分析概念。类型的划分只是一种启示，是为了强调制度安排与可能随时间改变的个人行动之间的动态关系。两种类型的划分不是固定的，而是受制度、机构和个人的情境之间互动的影响。例如，一旦农民工个体的经济条件得到改善或者得到来自政府的补贴，属于初步制度化类型的农民工可能很快就会以积极的策略应对退休，从而被划分到生命历程属于巩固制度化的这个类型中。

（二）农民工生命历程制度化对既有制度带来的冲击和挑战

从第二章的论述可知，社会福利制度的主要职能除了补偿劳动力商品化的消极结果、缓冲由于市场力量带来的结构上的不平等、引导经济和社会的进一步发展方面之外（Kaufmann 1997；Lessenich 1995），其还通过设置关于劳动参与和获得福利保障的社会时间表介入个人生活，即通过建构一种连续的生命阶段对社会成员的个人生命历程实施影响。具体来说，随着现代社会的工作要求，福利国家制度将个人生命历程明确界定为“教育—工作—退休”三个阶段。这种对个人生命的预设，常会有直接或间接规范、形塑典型生命历程的效果；但是，一旦典型生命历程模式产生松动，社会现况不再符合既有制度的预设，已有的社会福利制度的预设与安排反而成为威胁着福利制度、使其面临瓦解的凶手。

本章的分析显示，中国既定的农民工养老保障制度成功塑造了农民工个人关于退休的理解以及退休生活安排，作为现代社会生命历程重要特征的划分就业与退休两个阶段的意识，已经在农民工群体中出现。但是，在制度发挥形塑作用的过程中，农民工关于制度的主观感知以及对制度带给自身影响的评估，使得他们的生命历程没有完全按照制度的预设运行，这进而影响着他们的制度参与，影响着制度的实践效果。这种影响具体表现在以下三个方面。

其一，面向未来的现代时间观的形成、风险意识的明确，使得农民工养老保障制度不再是可有可无的一种保障，不再是一种点缀。

在整个农业经济占支配地位的时代，传统小农生产对自然的巨大依赖、低技术含量、高劳动强度等特点，使得中国农民逐渐形成了一种重视当前的循环时间观。而养老保障制度的实施，除了预防老年生活的典型风险之外，还能让社会成员建立起长远的时间领域，并且对于未来有期望上的确定感（Kaufmann 1972）。这种主观上长远的时间感的建立对于个人进行生命规划尤其有引导性作用。在现代养老保障制度的塑造下，中国农民工的时间观也开始发生质的变化，开始从注重过去、当前的传统时间观演变为朝向未来的现代时间观，他们开始注重个人的人生规划，并且，应对未来风险的意识也越来越强，尤其是在养老问题方面。“风险意识标志着与过去决裂和面对开放的未来的努力”（吉登斯，2001）。本研究的调查显示，在 145 名被访农民工中，有 53 名被访者明确表示非常担心自己以及家人的养老；还有 34 名表示比较担心；表示不担心和说不清楚的只有 40 名被访者，见表 9–2。

表 9–2　被访者对自己和家人将来养老问题的担忧

项目	频数	有效百分比（%）	累积百分比（%）
非常担心	53	37.3	37.3
有些担心	34	23.9	61.3
不担心	20	14.1	75.4
说不清	20	14.1	89.4
没考虑过	15	10.6	100.0
小计	142	100.0	
未回答	3		
合计	145		

国内许多研究表明，相比现时的生存风险，大部分处于青壮年的农民工对于养老保险并未表现出迫切的需要。但是，如上文所提，中国农民工的养老风险意识已经非常强，尤其是属于巩固制度化生命历程类型的农民工，他们更渴望以后能够享受到与城镇职工一样的退休生活。

其二，传统家庭养老方式的式微、男性养家模式的崩溃，使得农民工老年后的照料问题被提上日程。在几千年传统文化的影响下，中国老年人，尤其是农村老人主要采用的是家庭养老形式，家庭通过共同居住来为老年人提供养老保障，子女是父母老年时的重要保障。因此，当前中国农民工养老保障体系中依然存在着对家庭养老、家庭女性承担老人日常照料的假设。但是，在现代社会中，曾经独享权威的老人被边缘化，计划生育政策的实施造成家庭规模迅速缩减，这些严重削弱了农村居民家庭养老保障的人力基础，使得家庭在提供养老功能方面的作用严重弱化。虽然家庭养老的观念在大多数农民工那里依然根深蒂固，但是，他们已经意识到家庭照顾对自己老年生活保障的意义在退化，家庭的经济保障功能已经逐渐让位给其他方面，如情感支持和日常护理。

另外，当前社会农民工薪酬的低水平以及传统男性养家模式的单一薪资已无法满足家庭的基本需要。并且，随着传统工业的没落、服务业的兴起，女性就业机会被大量释出，“双薪”家庭遂成为社会主流，“男主外、女主内”的性别分工模式逐步瓦解。这种模式的瓦解产生了一系列连锁效应，首当其冲的便是“工作”与“家庭”的责任分配，原本由女性负责的家务、照顾工作，尤其是对老年人的照顾工作，现在却没有承担者。

换言之，中国农民工当前的生命历程不再符合传统福利制度的预设，使得中国政府以家庭养老、男性养家模式为前提所制定的农民工养老保障制度的适用性大打折扣，使得农民工个体被迫暴露于新兴的社会风险之中，且这种风险远远超过社会福利制度所涵盖和补救的范围。

其三，制度本身的非预期效果加剧了养老保障制度社会问题的严重程度。公正是社会制度的首要价值，“公正的社会保障体系是社会公平体系中最重要的一环，其建立与完善关系到最广大人民的根本利益，事关改革、发展、稳定的全局，是构建和谐社会的重要内容和保证”（刘晓丰、杨成湘，2006）。作为其中核心内容的养老保障制度建设，坚持公平与效率相结合，使全体社会成员公平享有社会经济发展的成果是应有之意。因此，在关于养老保障制度的主观感知中，农民工迫切地期待政府能够尽快出台相关政策来缩减、消除城乡之间养老保障的裂隙，尽可能地实现“公正”。但是，本研究显示，中国农民工养老保险政策依据地方经济实力和用人单位态度的制度设计和特质，进一步固化了农民工、农民与城镇职工在养老保障之间的差距以及区域之间的不平等。原本计划消除市场机制带来的不平等、消除社会弊病的政策，反而走向了反面，巩固着已经存在的社会不平等。换言之，这些制度的设计不是出于消除经济、政治改革中出现的财富分配的不平等，恰恰相反，它对自力更生、自治原则的强调巩固了原有的不平等，使得农民工养老保险政策在一定程度上偏离了社会公正的目标。简言之，农民工养老保险政策再现了已经存在农村地区和家庭之间的社会不平等。这种期待与现实的巨大差距使得许多农民工在访谈中对国家制定的养老保障制度，尤其是以独立模式为代表的农民工专项养老保障制度，表现出了一种被欺骗感和不信任感，进而造成了现实中的参保率低以及“退保潮”的涌现。

第十章 农民工养老方式的发展展望

一、养老保障制度变迁与农民工的养老

本研究所有的努力都是在尝试寻找中国社会现代化进程中一个非常重要但是又被忽视的维度：在社会福利制度发挥规范效应的过程中，社会成员生命历程的变化和特点对既有制度的反作用。

从参加养老保险的途径、关于退休计划和生活安排的主观认知看，中国当前实施的养老保障制度已经成为塑造农民工生命历程的重要因素和机制。尽管农民工个人及家庭的社会经济实力、其户籍所在地的经济发展情况会影响个人退休的安排，但是，一直到没有能力再工作才停止劳动的传统观念已经让位于将生命阶段划分为工作和退休的意识，现代社会中“退休”的意识在这个群体中已经形成。另外，在农民工制度化生命历程的形成过程中，政府、市场和家庭之间的关系及互动在个人的退休安排中发挥着主导作用，这使得农民工的生命历程有了不同的轨迹和轮廓，也使得他们对退休的期待、感受和生活安排呈现出了差异，这种制度化及其在一定程度上的变异，影响着农民工对养老保障制度的认知和参与，影响着制度的实践效果。

本研究的主题内容框架图详见图 10–1。

纵观整个研究，可以得出如下具体结论：

第一，国家养老保障制度通过制定缴费时限、退出工作的年龄界限等时间性因素，为农民工进行生活规划设置了规范；农民工在个人、制度和社会环境的背景下做决定和采取行动，进而形成了个性化的生命轨迹（即个人时间），即两种不同性质的生命历程：初步制度化和巩固制度化。

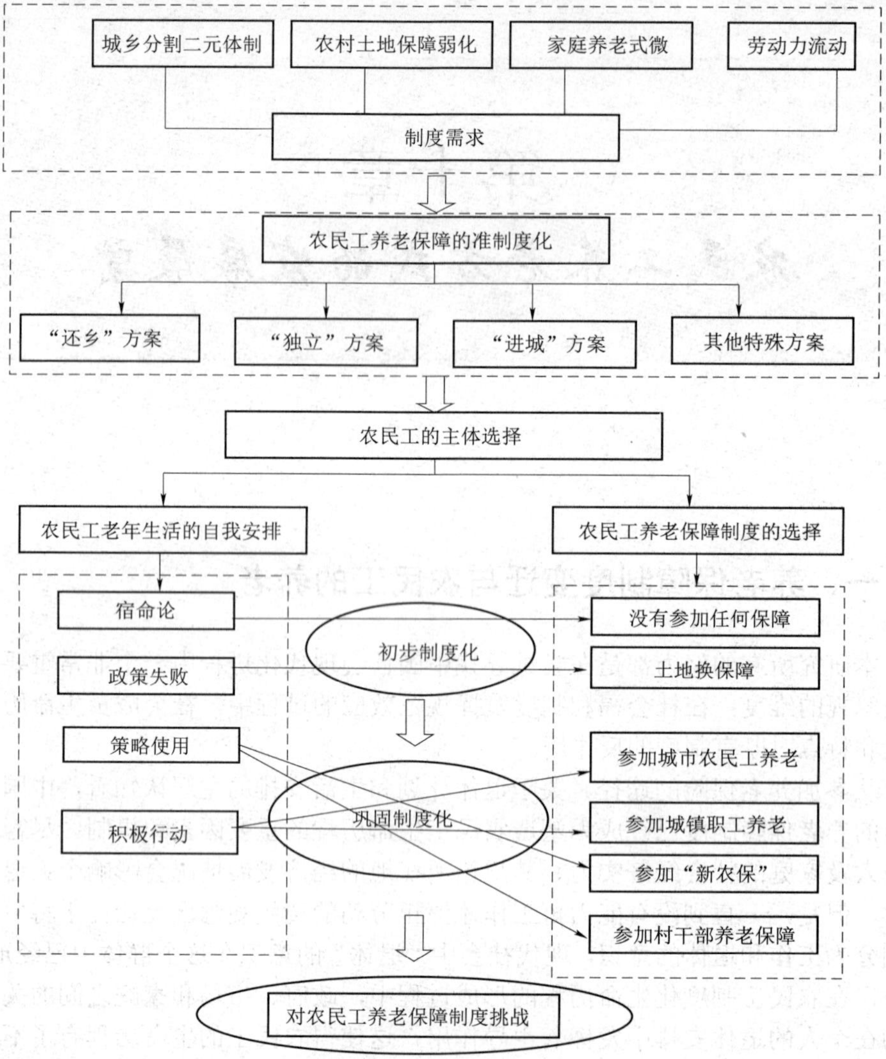

图 10–1 养老保险制度的变迁与农民工的养老方式

长久以来，农民工这一规模庞大但“沉默”的群体的利益几乎不被考虑进来。国家几乎没有致力于为这一群体提供福利，尤其是在养老保障方面。让他们依赖于自己的农业收入或家庭支持一直是政府对待该群体养老问题的态度。从 20 世纪 90 年代中期开始，中央和地方政府开始在农民工养老保障方面采取积极行动，中国农民工的养老保障开始从一种典型的自我保障逐步向准制度型福利过渡，这标志着中国农民工应对养老风险的方式从传统的家庭养老开始走上与现代社会发展相适应的“制度化”进程。在这个进程中，农民工的生活规划被制度设置了规范，并在个人、制度和社会环境的互动中形成了个性化的生命轨迹（即个人时间）：初步制度化和巩固制度化。

初步制度化刻画了农民工开始萌发退休观念的生命轨迹。他们非常清楚地意识到了养老金制度的重要性，但制度安排的不完整、资金的缺乏、公共财政支持的欠缺以及个人能力的不足使得他们陷入了贫困的沼泽中，阻碍了他们的实际参与，使得他们的老年生活保障只能依赖传统的方式：土地和家庭。在60岁以后继续工作也往往是他们的首选。对于国家在农民工养老保障上的责任，这一类型的农民工认为国家在缩减城乡发展差距方面是失败的，怨恨和不满的情绪较为突出。

对于生命历程属于巩固制度化的农民工，养老保险制度的有效实施，使得这种类型的农民工在安排他们的老年生活时有了更多的选择，他们对退休在个人生命历程中的定位和意义有着清醒的认识，他们开始能够以比较长远的目光对以后的生活进行规划。对这类农民工而言，养老金开始逐渐取代家庭和个人储蓄，成为老年生活的主要收入来源。虽然许多人还是倾向于在50或60岁之后继续工作，但其目的是维系家庭关系或协助家庭其他成员。在国家的责任方面，尽管这种类型的农民工对城乡分割的国家养老制度不满，但他们依然觉得养老金计划可以为其提供更多的保护。不管是在物质上还是心理上，退休开始具有一定的意义。

第二，农民工生命历程制度化的特点影响农民工对养老保障制度的认知和参与，对该制度产生了一定的反向影响，影响着制度的实践效果。

在现代社会，社会福利制度通过设置关于劳动参与和获得福利保障的社会时间表介入个人生活，通过建构一种“教育—工作—退休”连续的生命阶段对社会成员个人生命历程实施影响。而社会成员典型生命历程模式的松动，使得已有福利制度的预设与安排受到挑战，甚至面临瓦解。中国既定农民工养老保障制度成功塑造了农民工个人关于退休以及退休生活安排的理解，作为现代社会生命历程重要特征的划分就业与退休两个阶段意识，已经在农民工群体中出现。但是，在制度发挥形塑作用的过程中，农民工对制度的主观感知以及对制度带给自身影响的评估，使得他们的生命历程没有完全按照制度的预设运行，进而影响着他们的制度参与，影响着制度的实施效果。具体来说，农民工制度化生命历程面向未来的现代时间观的形成、风险意识的明确、对政府责任的期待、“双薪”家庭的工作模式以及消除城乡、地区差距的渴望，与当前制度设计中农民工依然是“农民而非公民”的身份设定，政府责任的躲避，对家庭养老、男性养家传统模式的倚重以及制度设计中天然存在的不公正，使得农民工对当前的制度有一种被欺骗感和不信任感，进而造成了现实中的参保率低以及“退保潮”的涌现。

二、农民工养老保障制度的发展展望

从计划经济到市场经济这一前所未有的社会转型，给中国提供了一个巩固其经济实力、提高社会成员生活水平的千载难逢的契机。经过30多年的改革和发展，当前大部分中国社会成员都享受到了经济增长、社会发展的成果。但是，在大规模的改革过程中，许多社会问题也纷纷涌现。尽管中国政府采取了一系列措施以解决这些问题、减少冲突，但很多问题的解决前景依然比较暗淡。不过，进入21世纪以来，一些能够观察到的事实显现着一些令人鼓舞的迹象。例如，中共十六大在2002年重申了“小康社会”，设定了以“构建和谐社会”为蓝图的社会发展前景；2004年，国务院第一次发布了《中国劳动和社会保障事业的发展白皮书》。这些迹象表明国家政策从仅仅关注经济增长到开始要求社会公正的转变，标志着中国社会进入了一个新的阶段，中国的社会政策在30多年的渐进改革中发生了本质性的变化。在这个过程中，中央和地方政府在农民工养老保障方面采取了积极行动，养老制度有了新的发展前景。在农业社会向工业社会过渡的过程中，家庭养老必然会走向社会养老，中国农民工的养老保障也必然会经历养老功能自家庭走向社会的历程。基于当前农民工生命历程的特点和变化，养老保障制度未来的发展需要注意以下几个方面：

第一，注重对制度运行层面的具体考察，关注养老保障制度的后续效果。

经过数百年的发展和变迁，现代社会福利制度的最终目标依然是提高所有社会成员的社会福利。但是，每个福利政策都是国家在某个社会领域的一种干预，这种干预不仅会带来社会结构的改变，也会带来一系列社会问题。而且，这对福利机构管理部门来说，更是一种内在矛盾：当他们最初设计某一制度来解决某些社会问题时，这些制度也产生了新的问题（Leisering，2001；Pierson，1993）。换言之，在制度实施过程中，制度化、模式化、系统化的政策与政策对象发生直接关系的这一阶段存在着许多未知因素，往往使得这个风险应对机制偏离了原有的目标，使得制度的实施无法达到原有的效果。因此，必须对制度效果保持更高的敏感性，关注福利制度下的个人如何主观感知和评估政策带给自身的影响，如何在这种主客观的条件下做决定和采取行动，以及伴随而来的可能风险、对福利制度的反向影响。具体到农民工养老保障制度的设计上，必须充分理解这一具有认知能力的行动者的行动逻辑，真正理解农民工的行为、需求和文化。

第二，发展基于职业身份的养老保障体系，实现从自保障的“补救型”养老向社会化的“普惠型”养老体系转型。

本研究在第三章已经提到过，自20世纪70年代末80年代初以来，为了尽快实现从传统农业社会向现代工业社会的转型，在没有技术优势和知识优势的情况下，为了积累工业社会发展所需的资本和财富、在短期内提高国际竞争力，“发挥廉价劳动力比较优势”就成了一项非常重要的国家战略，而这个“廉价劳动力”的承载者，就是这个自20世纪80年代初期零星出现、90年代初期开始大规模涌现的群体——农民工。因此，在20世纪末之前，中国政府在农民工养老问题上的主要职责在于以最低下的成本投入维护最有效的社会管治，是否能够真正解决这个群体的养老问题、是否可以提高他们的福祉，不是其优先或首先考虑的问题。在这种施政方针的指导下，中国政府一直坚持补救性福利政策。

进入21世纪以来，这种情形发生了变化。尤其是2006年初国务院发布了《关于解决农民工问题的若干意见》，明确提出了农民工是产业工人的重要组成部分，在农民工工资、劳动就业、技能培训、劳动保护、社会保障、公共管理和服务、户籍管理制度改革、土地承包权益等方面，就切实维护农民工的合法权益提出了重要指导意见。农民工被主流社会结构所排斥、忽视的状态开始得以改变，这体现了政府在保护弱势群体、维护社会公平正义方面职能的强化。但是，农民工作为产业工人的重要组成部分，其在社会中的主体地位不应仅仅停留在抽象的层面上政府应切实落实他们的公民资格，发展基于职业身份的养老保障体系，维护他们作为公民的基本权利。但是，当前针对农民工的养老保障体系，不管是返乡方案、独立方案还是进城方案，其潜在的假设依然是基于农民工的"户籍身份"赋予他们对制度的选择，而并没有将农民工视为现代社会的"公民"。这自然会导致农民工因户籍身份而无法参加城镇职工养老保障，因工作区域转移而无法参加农民工专项养老保障（独立模式），以及因职业身份和不同于传统农民的新风险而对当前的农民养老保障制度（"新农保"）感到"还是有一点用处"的鸡肋感。

脱离了农业生产经营活动的农民工，也脱离了传统土地养老保障的范围。他们与城市职工一样，面临着多方面的社会风险，客观上有进入防范风险的城镇社会保障制度的需要。并且，从长远和发展的眼光来看，市民化是中国农民工的必然发展趋势，他们的养老保障需求与城镇职工、居民也将日趋一致。因此，在农民工养老保障的未来发展方面，要尽可能地消除"户籍身份"的制度假设，应基于他们的职业身份——工人或农民来建立一套符合这一群体需求并具有发展前景的制度体系，实现向社会化"普惠型"老年福利制度的转型。

第三，以福利多元主义为指导思想，在提升政府责任的同时，有效整合福利资源。

在一定意义上讲，不同国家或地区之间的福利模式有趋同的可能。但这种"趋同"不是指"工业国家公共养老金支出的显著增加"，而是指福利主体的多元化（田北海，2006）。兴起于20世纪80年代的福利多元主义的核心理念是主张超越政府与市场二分的传统思维，在政府、市场之外寻找第三种力量，这种力量具有政府和市场所没有的优势，因而可以整合进社会福利体系之中，建构起多元的社会福利框架，以弥补政府和市场两者在福利供给上的不足（王家峰，2009）。

自20世纪末以来，中国社会的养老压力日趋严峻。根据全国老龄委2006年发布的《全国人口老龄化发展趋势预测研究报告》，中国65岁以上老年人人口在2000年是8 811万人，2005年达到10 055万人，2006年为10 419万人，占全国总人口的7.9%。到2020年，老年人口将达到2.48亿人，老龄化水平将达到17.17%，其中80岁以上老年人口将达到3 067万人，占老年人口的12.37%（全国老龄委，2006）。面对日益增长的老年福利需求和居高不下的福利财政支出，在推进农民工养老保障制度进一步发展的过程中，有必要借鉴福利多元主义的思潮，实施一系列举措，整合福利资源。

具体来说，其一，必须采取有效的措施强化政府的角色。如前文所述，在20世纪末之前，中国政府在农民工养老问题上一直有意躲避其应当承担的职责，加上一些政策的频繁调整和动荡，使得许多农民工因对政府态度失望而对现行制度表示怀疑并拒绝参加。本研究的调查显示，当前绝大多数农民工均希望政府在社会福利方面承担更多的责任。因此，在推进农民工养老保障制度发展的过程中，中国政府必须采取积极介入的姿态，从老年社会福利的消极责任主体转变为积极责任主体，在福利政策制定、福利经费资助等方面扮演更为重要的角色。其二，应通过法律或行政手段规定并强化企业对农民工养老的福利责任。其三，应积极整合政府与非政府福利资源，避免机构重置。比如，社会保障部门主要负责农民工养老的核心业务，即福利规划、服务监管和资源保障工作，其非核心业务（即直接福利服务）则通过公开招标与竞投的方式外派给非政府机构与私人养老院。其四，积极倡导第三部门广泛参与到老年社会福利事业中来。比如，重新整合农村和城市社区的志愿服务体系，完善社区志愿服务体系，提升社区和邻里照顾的职能，实现居家养老与社区服务的有效承接，满足老年人的需要。

第四，注重家庭保障与社会保障相配合。

中国的家庭养老拥有几千年的发展历史，尽管经济与社会发展使家庭在保障老年人生活方面的功能处于弱化的总趋势当中，然而，对老年人的照料、关心、保护、保障等大量纷繁复杂的工作，绝不是政府所能统统包揽过来的。并且，家庭养老不仅能够基本上满足老年人衣、食、住、日常生活照顾等生理方面的需要，而且对满足交往及情感体验方面的需要起到了不可替代的作用。因此，农民工养老保障制度朝向社会化发展，并不是说要取代传统的家庭保障，而是指要通过社会化的保障措施，来满足工业化的发展需要和解决家庭中部分保障功能弱化的问题。国家和社会应继续倡导家庭亲情，不应排斥家庭在保障社会成员生活中的保障作用。尤其是中国农民工养老保障制度的完善和功能的发挥需要较长的时间，在这之前，必须依靠家庭来保障城市农民工的基本生活，家庭仍将在老年福利中承担第一线的功能。正式制度与非正式制度、社会保障与家庭保障相互配合、协调发展方能使农民工养老保障制度发挥应有的效应。

总之，可以预见，中国农民工老年保障的未来发展趋势是：（1）政府由消极责任主体转变为积极责任主体，由次要责任主体转变为福利主导者，并且，老年社会福利的多方合作机制将确立并进一步完善。（2）家庭仍将在老年社会福利中承担重要、甚至依然是第一线的功能。（3）农民工从因户籍身份而被社会福利制度排斥的对象变为公民社会福利权的享有者，其对老年保障制度的参与需求及参与程度均将有所提高。另外，还有一点不得不承认：出于保持中国经济竞争力的目的，剩余型福利模式的某些特征依然会在农民工的老年福利体系中有所保留。

附录　深度访谈对象基本情况一览

编号	性别	年龄	出生地	文化程度	目前职业
个案 1	女	32 岁	山东临沂	初中	电梯工
个案 2	女	38 岁	河南信阳	初中	饭店服务员
个案 3	女	46 岁	四川江油	小学	饭店服务员
个案 4	男	42 岁	浙江台州	初中	小商品批发
个案 5	男	44 岁	四川南充	初中	装修公司工长
个案 6	男	40 岁	福建泉州	初中	厨师
个案 7	女	53 岁	北京朝阳区	小学	外企务工人员
个案 8	女	45 岁	北京海淀区	初中	个体户（开杂货店）
个案 9	女	47 岁	河南平顶山	小学	建筑工地打零工
个案 10	男	56 岁	河南平顶山	高中	建筑公司预算员
个案 11	男	46 岁	河南驻马店	初中	海淀区某小区卖菜
个案 12	男	53 岁	河南安阳	小学	建筑工地打零工
个案 13	女	47 岁	山西忻州	小学	小商品批发
个案 14	男	50 岁	浙江宁波	初中	小商品批发
个案 15	男	49 岁	浙江青田	小学	厨师
个案 16	女	46 岁	浙江绍兴	初中	北京一家外资企业务工
个案 17	男	48 岁	浙江宁波	初中	运输
个案 18	女	38 岁	四川眉山	初中	饭店服务员
个案 19	男	24 岁	山东济宁	初中	饭店服务员
个案 20	男	30 岁	黑龙江尚志	初中	批发零售
个案 21	男	26 岁	河北邯郸	初中	批发零售

参 考 文 献

一、中文著作文献

[1] [美] 安东尼·哈尔，詹姆斯·梅志里. 发展型社会政策 [M]. 罗敏，等，译. 北京：社会科学文献出版社，2006.

[2] [美] 埃尔德 G H. 大萧条的孩子们 [M]. 田禾，等，译. 南京：译林出版社，2002.

[3] 毕天云. 社会福利场域的惯习 [M]. 北京：中国社会科学出版社，2004.

[4] 杜赞奇. 文化、权力与国家：1900—1942 年的华北农村 [M]. 王福明，译. 南京：江苏人民出版社，2004.

[5] [美] 弗兰克·费希尔. 公共政策评估 [M]. 吴爱明，等，译. 北京：中国人民大学出版社，2003.

[6] [美] 凡勃伦. 有闲阶级论 [M]. 蔡受百，译. 北京：商务印书馆，2007.

[7] [德] 弗兰茨-克萨韦尔·考夫曼. 社会福利国家面临的挑战 [M]. 王学东，译. 北京：商务印书馆，2004.

[8] [美] 吉尔伯特，特雷尔. 社会福利政策导论 [M]. 黄晨熹，等，译. 上海：华东理工大学出版社，2003.

[9] 郭伟和. 20 世纪 90 年代以来西方社会福利政策的新趋势 [C]. 首届社会政策国际论坛暨系列讲座论文集. 天津：南开大学出版社，2005.

[10] [美] 斯科特 J C. 农民的道义经济学：东南亚的反叛与生存 [M]. 程立显，等，译. 南京：译林出版社，2001.

[11] 柯兰君，李汉林. 都市里的村民：中国大城市的流动人口 [M]. 北京：中央编译出版社，2001.

[12] [丹麦] 考斯塔·艾斯平-安德森. 福利资本主义的三个世界 [M]. 郑秉文，译. 北京：法律出版社，2003.

[13] 林毅夫. 关于制度变迁的经济学理论 [M]. 上海：三联书店，上海人民出版社，1994.

[14] 李强，等. 生命的历程：重大社会事件与中国人的生命轨迹 [M]. 杭州：浙江人民出版社，1999.

[15] 李强. 农民工与中国社会分层 [M]. 北京：社会科学文献出版社，2004.

[16] 李迎生. 为了亿万农民的生存安全——中国农村社会保障体系研究 [M]. 合肥：安徽人民出版社，2006.

[17] 李迎生. 转型时期的社会政策：问题与选择［M］. 北京：中国人民大学出版社，2007.

[18] 刘传江，徐建玲.中国农民工市民化进城研究［M］. 北京：人民出版社，2008.

[19] ［法］孟德拉斯. 农民的终结［M］. 李培林，译. 北京：社会科学文献出版社，2010.

[20] ［美］诺斯 D C. 制度、制度变迁与经济绩效［M］. 上海：上海三联书店，1994.

[21] 孙立平. 失衡：断裂社会的运作逻辑［M］. 北京：社会科学文献出版社，2001.

[22] ［英］蒂特马斯. 社会政策十讲［M］. 江绍康译. 台北：台湾商务印书馆股份有限公司，1991.

[23] ［美］威廉姆森. 资本主义经济制度［M］. 段毅才，王伟，译. 北京：商务印书馆，2002.

[24] 杨念群. 空间・记忆・社会转型［M］. 上海：上海人民出版社，2001.

[25] 岳庆平. 中国的家与国［M］. 长春：吉林文史出版社，2001.

[26] 郑功成，黄黎若莲. 中国农民工问题与社会保护［M］. 北京：人民出版社，2007.

[27] 钟水映. 人口流动与社会经济发展［M］. 武汉：武汉大学出版社，2003.

[28] 张雪筠. 农民工与城市主体社会［M］. 天津：天津社会科学院出版社，2007.

二、中文期刊文献

[29] 葛小佳，等. 变迁社会中的人生——生命历程及其中国的实例［J］. 中国社会科学季刊，1998（3）.

[30] 毕向阳. 制度与参与：下岗失业人员缴纳基本养老保险行为研究［J］. 社会学研究，2005（2）.

[31] 蔡昉. 克服我国农村劳动力转移的障碍［J］. 内部文稿，2000（15）.

[32] 蔡昉. 中国城市限制外地民工就业的政治经济学分析［J］. 中国人口科学，2000（4）.

[33] 蔡昉. 农村剩余劳动力流动的制度性障碍分析——解释流动与差距同时扩大的悖论［J］. 经济学动态，2005（1）.

[34] 崔红志. 对把进城农民工纳入城市社会养老保险体制的认识［J］. 中国农村经济，2003（3）.

[35] 崔红志，任天成. 论养老模式形成与变迁的内在逻辑［J］. 中国青年政治学院学报，2003（6）.

[36] 崔传义. 进入新阶段的农村劳动力转移［J］. 中国农村经济，2007（6）.

[37] 陈剑光. 21世纪我国乡镇企业发展的问题和对策［J］. 中国农村科技，2000（1）.

[38] 陈诗达. 对城市“民工荒”现象的几点思考［J］. 中国党政干部论坛，2004（4）.

[39] 陈莉霞，曲宁. 我国农村土地保障陷入困境分析［J］. 科技创业月刊，2006（12）.

[40] 陈佩华. 生存的文化——通过私人信件透视外来工的生活 [J]. 清华社会学评论，2002.
[41] 成梅. 以生命历程范式浅析老年群体中的不平等现象[J]. 人口研究，2004(3).
[42] 邓大松，王增文. 我国的养老风险及其规避问题探究——从风险理论的视角[J]. 河南社会科学，2008(5).
[43] 邓建伟，董藩. 生命历程理论视野中的三峡移民问题[J]. 株洲师范高等专科学校学报，2001(2).
[44] 代丽丽. 北京外来人口约 700 万，今起调查其就业状况 [N]，北京晚报，2011-4-21.
[45] 冯俏彬，才进. 我国农民工养老保险制度的地区差异及其财政影响——以农民工输入、输出地为例 [J]. 财贸经济，2010(3).
[46] 范小玉. 我国农业用地利用状况、问题与建议 [J]. 统计研究，1997(1).
[47] 关信平. 农民工参与城镇社会保障问题：需要、制度及社会基础 [J]. 教学与研究，2008(1).
[48] 关信平，刘建娥. 中国农民工社区融入的问题与政策研究[J]. 人口与经济，2009(3).
[49] 葛笑如，杨珉. 建立农民工社会保障制度的困难与对策 [J]. 农村经济，2007(9).
[50] 龚建明. 让农民工有尊严地养老 [J]. 人民论坛，2010(9).
[51] 郭瑜. 需求与现实：农民工养老保险参与程度的影响因素分析——基于 7 城市数据的考察 [J]. 农业技术经济，2010(11).
[52] 郭席四，杜潇. 不同地区农民工养老保险政策的比较评析 [J]. 现代经济探讨，2005(10).
[53] 华迎放. 农民工社会保障：思考与政策选择——来自江苏、吉林、辽宁的调查[J]. 中国劳动，2004(10).
[54] 黄乾. 农村劳动力转移就业问题性质的根本转变与社会政策选择 [J]. 人口研究，2007(4).
[55] 黄进. 资本建设：农民工政策范式的新走向 [J]. 农村经济，2009(6).
[56] 黄海啸. 农民工社会支持网络结构的变迁和社会工作的介入路径[J]. 中共郑州市委党校学报，2007(6).
[57] 黄梦为. 农民工社会保障制度相关主体分析 [J]. 法制与社会，2007(6).
[58] 韩俊，姜长云. 中国农业传统发展模式分析 [J]. 经济问题，1995(10).
[59] 胡海峰，刘光卓. 农民工保险制度模式探讨 [J]. 保险研究，2007(3).
[60] 简新华，张建伟. 构建农民工的社会保障体系 [J]. 中国人口资源与环境，2005(1).
[61] 江立华. 我国古代的户籍制度及其特点 [J]. 北方工业大学学报，2001(4).

［62］贾晓华．农民工非永久迁移对社会福利的动态影响分析［J］．消费导刊，2007（12）．
［63］蒋月．外来妇女权益保障现状与对策研究报告——以福建省厦门市为例［J］．厦门大学法律评论，2005（1）．
［64］李培林．流动民工的社会网络和社会地位［J］．社会学研究，1996（4）．
［65］李培林，李炜．农民工在中国转型中的经济地位和社会态度［J］．社会学研究，2007（3）．
［66］李强．关于城市农民工的情绪倾向及社会冲突问题［J］．社会学研究，1995（4）．
［67］李强．社会变迁与个人发展：生命历程研究的范式与方法［J］．社会学研究，1999（6）．
［68］李强．中国大陆城市农民工的职业流动［J］．社会学研究，1999（3）．
［69］李强．中国外出农民工及其汇款之研究［J］．社会学研究，2001（4）．
［70］李强．户籍分层和农民工的社会地位［J］．中国党政干部论坛，2002（8）．
［71］李路路．向城市移民：一个不可逆转的过程［C］．农民工——中国进城农民工的经济社会分析．北京：社会科学文献出版社，2003．
［72］李迎生．农村养老保障改革的“过渡模式”设计［J］．中国社会保障，2006（3）．
［73］李迎生，刘艳霞．社会政策与农民工群体的社会保护［J］．社会科学研究，2006（6）．
［74］李迎生．中国社会保障模式的转型路径［J］．人民论坛，2009（22）．
［75］李朝晖．返乡农民工养老保险多层次方案探析［J］．现代经济探讨，2009（8）．
［76］李朝晖．“短暂返乡型”与“永久返乡型”农民工养老保险方案设计［J］．经济问题探索，2010（3）．
［77］李轩红．我国农民工社会养老保险困境及对策研究［J］．山东社会科学，2010（4）．
［78］李春根，徐光耀．农民工为什么不愿意购买养老保险［J］．中国财政，2006（11）．
［79］李世安．英国农村剩余劳动力转移问题的历史考察［J］．世界历史，2005（2）．
［80］李方芳，蔡小娥．外来务工人员权益保障研究［J］．湖北社会科学，2008（12）．
［81］李晓云．农民工流动动因及特点研究综述［J］．陕西行政学院学报，2007（3）．
［82］李珍．养老社会保险的平衡问题分析［J］．中国软科学，1999（12）．
［83］李晓晖，刘启明．中国企业养老保险费漏缴现象分析——以北京市海淀区为例［J］．生产力研究，2010（9）．
［84］刘继同．由集体福利到市场福利——转型时期中国农民福利政策模式研究［J］．中国农村观察，2002（5）．
［85］刘小年．农民工的政策实践与政策范式新检讨［J］．行政与法，2006（8）．
［86］刘小年．农民工阶层分化机制功能与政策研究［J］．安徽农业科学，2008（17）．

[87] 刘小年. 农民工的政策表达行为研究——基于东莞市某厂农民工调查[J]. 乡镇经济，2008（6）.
[88] 刘晓丰，杨成湘. 和谐社会的重要基础——构建公正的社会保障体系的理论与实践［J］. 重庆社会科学，2006（6）.
[89] 刘纳，范晓光. 农民工群体性事件影响因素分析及对策研究——邓恩政策分析模式应用［J］. 法制与社会，2008（28）.
[90] 刘精明. “文革”事件对入学、升学模式的影响［J］. 社会学研究，1999（6）.
[91] 刘广明. 试论土地保障功能的法律制度完善——从农村社会保障制度的建构谈起［J］. 兰州学刊，2004（6）.
[92] 刘丽娟. 论农民工社会保障问题及对策［J］. 经济纵横，2006（14）.
[93] 刘崇顺. 社会转型的历史起点——改革开放30年的回顾与思考[J]. 武汉学刊，2008（4）.
[94] 刘俊. 对我国农民工社会保障缺失的主要原因分析[J]. 贵州民族学院学报（哲学社会科学版），2007（6）.
[95] 陆学艺. 农民工问题要从根本上治理［J］. 特区理论与实践，2003（7）.
[96] 陆学艺. 构建和谐社会必须重视社会结构中的农村问题［J］. 湖北社会科学，2006（1）.
[97] 卢海元. 积极的城市化政策与农民工社会保险［J］. 中国社会保障，2003（4）.
[98] 卢海元. 创新农村社会养老保险制度：以产品换保障［J］. 求是，2004（3）.
[99] 卢海元. 中国农村社会养老保险制度建立条件分析［J］. 经济学家，2003（5）.
[100] 梁平，张春利. 我国农民工社会养老保障模式探析［J］. 安徽农业科学，2007（22）.
[101] 梁庆朝，张秋善，祇新生，翟英军. 现行农民工保障政策局限性的原因[J]. 经济研究参考，2007（6）.
[102] 陆益龙. 粘附与剥离：基层户籍管理中的问题与对策[J]. 人口研究，2000（3）.
[103] 陆益龙. 1949年后的中国户籍制度：结构与变迁［J］. 北京大学学报（哲学社会科学版），2002（2）.
[104] 鲁宁. 民工工资“倒逼机制”开始形成［J］. 乡音，2004（10）.
[105] 马慧君，张世雄. 变迁社会中的女性—— 一个生命历程的研究观点［J］. 国际文化研究，2006（2）.
[106] 麻智辉，刘海清. 农民工社会保障制度构建的障碍分析与对策探讨［J］. 企业经济，2007（10）.
[107] 孟霞. 当代中国社会人口结构与家庭结构变迁［J］. 湖北社会科学，2009（5）.
[108] 彭宅文，乔利滨. 农民工社会保障的困境与出路——政策分析的视角［J］. 甘肃社会科学，2005（6）.

[109] 彭宅文. 中国农民工社会保障发展缓慢的原因分析 [J]. 云南社会科学，2006（1）.
[110] 潘冬青，樊丽淑，胡松华，孙家良. 中国农民工政策的效应分析——以浙江省宁波地区为例 [J]. 农村经济，2008（2）.
[111] 潘虎. 农民工最终在城市养老的优化选择研究——基于农民工与城镇职工养老金对比的分析 [J]. 生产力研究，2010（4）.
[112] 潘泽泉. 社会网排斥与发展困境：基于流动农民工的经验研究——一项弱势群体能否共享社会发展成果问题的研究 [J]. 浙江社会科学，2007（2）.
[113] 潘泽泉. 现代化与发展主义语境中的农民工发展困境 [J]. 广西民族大学学报（哲学社会科学版），2007（5）.
[114] 潘泽泉. 国家调整农民工政策的过程分析：理论判断与政策思路 [J]. 理论与改革，2008（5）.
[115] 任仲芳. 市场经济与人的现代化——兼论英克尔斯人的现代化理论的局限性 [J]. 社科纵横，2006（12）.
[116] 孙倩，吴平，封明川. 农民工参与城镇养老保险意愿的影响因素分析——基于浙江省奉化市的实证研究 [J]. 四川农业大学学报，2010（1）.
[117] 孙战文. 土地保障功能与土地制度改革 [J]. 山东省农业管理干部学院学报，2005（3）.
[118] 盛昕. 改革开放 30 年中国农民工政策的演进及发展 [J]. 学术交流，2008（4）.
[119] 盛昕. 国家农民工政策调整与城市和谐 [J]. 学习与探索，2009（2）.
[120] 石磊. 我国国家发展观的重大改进 [J]. 毛泽东邓小平理论研究，2003（5）.
[121] 施世骏. 生命历程研究对社会政策效果的探讨 [J]. 社会政策与社会工作学刊，2002（6）.
[122] 田永坡，和川，于月芳. 城乡劳动力市场分割、社会保障制度与人力资本投资研究 [J]. 山东社会科学，2006（7）.
[123] 田北海. 社会福利研究中的若干争议问题探讨 [J]. 学习与实践，2006（9）.
[124] 王卓祺，艾伦·沃克. 西方社会政策理念与 21 世纪中国福利事业的发展 [J]. 社会学研究，1998（5）.
[125] 王小章. 从“生存”到“承认”：公民权视野下的农民工问题 [J]. 社会学研究，2009（1）.
[126] 王小广. 农村经济结构转换和模式选择：民工潮的经济理论分析 [J]. 农业经济题，1994（7）.
[127] 王赵铭. 农民工养老保险现状及其思考 [J]. 湖北省社会主义学院学报，2010（2）.
[128] 王德文，何宇鹏. 城乡差距的本质、多面性与政策含义 [J]. 中国农村观察，2005（3）.

[129] 王永刚. 浅析我国农民工社会保障制度的突破口 [J]. 特区经济，2007（10）.
[130] 王美艳，蔡昉. 户籍制度改革的历程与展望 [J]. 广东社会科学，2008（6）.
[131] 王文玲. 我国土地保障功能的弱化及解决对策 [J]. 经营与管理，2008（5）.
[132] 王习明. 乡村治理与老人福利互动模式研究——河南安阳吕村调查 [J]. 中州学刊，2006（2）.
[133] 王秩龙. 农村宗族势力复苏的现象浅析 [J]. 中共浙江省委党校学报，1999（2）.
[134] 王秩龙. 王村调查——农村老人家庭权威的丧失及其养老问题 [J]. 社会，1999（7）.
[135] 王家峰. 后福利国家：走向积极多元的福利再生产 [J]. 兰州学刊，2009（9）.
[136] 王新军，刘玮玮. 农民工养老保险的福利经济学分析 [J]. 东岳论丛，2009（12）.
[137] 王守智. 土地保障功能的蜕化与农村社会保障机制的构建 [J]. 江南论坛，2009（7）.
[138] 王萍，单宏洁. 土地保障与现行农地产权制度关系探析 [J]. 改革与战略，2008（7）.
[139] 王怡嘉. 发达地区土地保障功能弱化后的农村养老——以浙江为例 [J]. 西北人口，2005（3）.
[140] 温铁军. 关注进城农民的生存状态 [J]. 时代潮，2001（7）.
[141] 温铁军. 打破农村经济领域中的垄断——关乎八亿农民的命运 [J]. 中国改革，2001（8）.
[142] 温铁军. 形成稳固的受惠群体——关于农地制度创新的思考 [J]. 中国土地，2001（7）.
[143] 伍艳. 建立农民工养老保险过渡性制度的法律分析——兼评“农民工参加基本养老保险办法”（草案）[J]. 人口与经济，2010（3）.
[144] 魏华林，王汝志. 农民工养老保险基金管理运营创新——养老保险公司为主体的“3+1”模式 [J]. 保险研究，2009（5）.
[145] 许征. 农民工游离于社会保障之外的原因分析 [J]. 东华大学学报（社会科学版），2004（4）.
[146] 许经勇. 农民工廉价劳动力成本的正负效应 [J]. 调研世界，2004（11）.
[147] 许经勇，曾芬钰. “农民工”：我国经济社会转型期的一个特殊范畴 [J]. 学术研究，2004（2）.
[148] 徐琴. 农民工养老保险制度的价值选择与困境破解 [J]. 南京工业大学学报（社会科学版），2008（3）.
[149] 徐琴，鲍磊. 农民工养老保险参保行为及其影响因素分析——基于江苏五市（县）的调查数据 [J]. 南京师大学报（社会科学版），2009（5）.
[150] 徐道稳. 公民资格理论与中国社会政策的重构 [J]. 人文杂志，2007（6）.
[151] 徐永新. 中国农民工政策的演变及未来走向 [J]. 河南社会科学，2005（4）.

[152] 谢东梅. 土地保障与农村社会保障制度创新研究 [J]. 西北农林科技大学学报（社会科学版），2004（5）.
[153] 杨团，社会政策研究范式的演化及其启示 [J]. 中国社会科学，2002（4）.
[154] 杨国勇，朱海伦. 基于地方政府治理创新的农民工政策实践的思考 [J]. 社会科学战线，2007（5）.
[155] 杨桂宏. 农民工社会保障缺失的深层原因分析 [J]. 中国农业大学学报（社会科学版），2005（3）.
[156] 杨立雄. 建立农民工社会保障制度的可行性研究 [J]. 社会，2003（9）.
[157] 杨云善. 农村劳动力“逆淘汰”式转移 [J]. 社会主义研究，2007（3）.
[158] 杨斌，汪洋，殷建华，马力，冯玉瑶. 农民工社会保障制度的反思与重构 [J]. 贵州农业科学，2008（1）.
[159] 杨桂宏. 农民工社会保障缺失的深层原因分析 [J]. 中国农业大学学报（社会科学版），2005（3）.
[160] 杨翠迎，郭金丰. 农民工养老保险制度运作的困境及其理论诠释 [J]. 浙江大学学报（人文社会科学版），2006（3）.
[161] 杨一帆. 对中国农村社会养老保险制度的思考与展望[J]. 财经科学，2009（9）.
[162] 岳庆平. 传统家庭伦理与家庭教育 [J]. 社会学研究，1994（1）.
[163] 岩复. 关于建立和完善农村养老保障体系的探讨 [J]. 湖北大学学报（哲学社会科学版），1996（4）.
[164] 姚俊. 农民工参加不同社会养老保险意愿及其影响因素研究——基于江苏五地的调查 [J]. 中国人口科学，2010（1）.
[165] 闫然. 养老保险制度的城乡比较 [J]. 中国劳动保障，2007（4）.
[166] 俞德鹏，陈智慧，汪海军. 城乡二元社会结构与城市外来民工犯罪 [J]. 浙江社会科学，1999（2）.
[167] 赵曼，刘鑫宏. 中国农民工养老保险转移的制度安排[J]. 经济管理，2009（8）.
[168] 张东明，杨君，刘松华. 农民工养老保险转移接续机制探讨 [J]. 中国财政，2010（5）.
[169] 张启春. 从传统土地保障走向现代社会保障——关于乡镇企业职工社会保障问题的思考 [J]. 理论月刊，1999（12）.
[170] 张启春. 谈进城务工人员的社会保障问题 [J]. 江汉论坛，2003（4）.
[171] 张学英. 关于中国“民工荒”与农民工福利待遇的探讨 [J]. 南方人口，2005（2）.
[172] 张继焦. 差序格局：从“乡村版”到“城市版”——以迁移者的城市就业为例 [J]. 民族研究，2004（6）.
[173] 张永宏. 地方治理的政治—制度视角：以农民工保护政策执行为例 [J]. 中山大学学报（社会科学版），2009（1）.

[174] 张荣现，王超. 我国农民工养老保险问题研究［J］. 前沿，2010（21）.
[175] 张幼文. 经济全球化与国家经济实力——以“新开放观”看开放效益的评估方法［J］. 国际经济评论，2005（5）.
[176] 张秀兰. 发展型社会政策：实现科学发展观的一个操作化模式［J］. 中国社会科学，2004（6）.
[177] 张勇濂. 农民工政治参与缺失状况的调查与政策建议［J］. 中共云南省委党校学报，2009（2）.
[178] 张金玲. 中国农村土地保障的述评［J］. 特区经济，2008（5）.
[179] 张良悦，刘东. 农村劳动力转移与土地保障权转让及土地的有效利用［J］. 中国人口科学，2008（2）.
[180] 张忠根. 二十世纪世界农业发展模式的演变［J］. 农业经济，2001（1）.
[181] 张忠根，史清华. 农地生产率变化及不同规模农户农地生产率比较研究——浙江省农村固定观察点农户农地经营状况分析［J］. 中国农村经济，2001（1）.
[182] 章长城，刘杰. 传统保障的现代构造与重塑［J］. 学习与实践，2006（5）.
[183] 章长城. 多元福利视角下的自保障研究[J]. 高等函授学报（哲学社会科学版），2006（2）.
[184] 章铮. 进城定居还是回乡发展？——民工迁移决策的生命周期分析［J］. 中国农村经济，2006（7）.
[185] 郑功成. 农民工的权益与社会保障［J］. 中国党政干部论坛，2002（8）.
[186] 郑功成，黄黎若莲. 中国农民工问题：理论判断与政策思路［J］. 中国人民大学学报，2006（6）.
[187] 赵排风. 农民工社会保障模式比较与选择——以广东模式和上海模式为基础［J］. 河南社会科学，2007（5）.
[188] 朱虹. 打工妹的城市社会化——一项关于农民工城市适应的经验研究［J］. 南京大学学报（哲学. 人文科学. 社会科学版），2004（6）.
[189] 朱力. 准市民的身份定位［J］. 南京大学学报，2000（6）.
[190] 朱力. 群体性偏见与歧视：农民工与市民的摩擦性互动［J］. 江海学刊，2001（6）.
[191] 朱力. 论农民工阶层的城市适应［J］. 江海学刊，2002（6）.
[192] 朱宇. 户籍制度改革与流动人口在流入地的居留意愿及其制约机制［J］. 南方人口，2004（3）.
[193] 周雪光，侯立仁. 文革的孩子们——当代中国的国家与生命历程［J］. 中国社会学，2003（2）.
[194] 周琦，顾珊珊. 生命历程理论视野下的青少年犯罪问题［J］. 贵州法学，2005（5）.
[195] 周弘. 福利国家向何处去［J］. 中国社会科学，2001（3）.

[196] 周弘. 欧盟经验：促进发展并追求公正——中国能够从欧盟借鉴什么 [J]. 中国社会科学，2004（6）.
[197] 邹新树. 农民工向城市流动的动因：“推—拉”理论的现实解读 [J]. 农村经济，2005（10）.

三、中文学位论文

[198] 侯晋封. 中国农民工流动就业问题研究 [D]. 北京：中共中央党校，2009.
[199] 黄玉捷. 内生性制度的演进逻辑 [D]. 上海：复旦大学，2004.
[200] 李平. 中国转型时期城市农民工社会保障制度研究 [D]. 武汉：华中科技大学，2007.
[201] 李晓云. 中国进城农民工养老保险研究 [D]. 上海：华东师范大学，2007.
[202] 李萌. 中国转型时期农民工就业歧视问题研究 [D]. 武汉：华中科技大学，2005.
[203] 李竹青. 二元户籍制度研究——一个法律社会学的分析 [D]. 长春：吉林大学，2004.
[204] 刘玮玮. 农民工养老保险的经济效应分析 [D]. 济南：山东大学，2010.
[205] 刘恩举. 土地征用过程中利益关系研究 [D]. 沈阳：辽宁大学，2007.
[206] 雒庆举. 中国农民工养老保险路径选择研究 [D]. 北京：北京大学，2008.
[207] 吕明智. 集体土地征用问题研究 [D]. 长春：吉林大学，2007.
[208] 吕振臣. 我国土地征用出让过程中和谐土地利益机制构建研究 [D]. 上海：同济大学，2007.
[209] 毛光烈. 农民工社会保障实践中的合作问题分析 [D]. 上海：上海大学，2008.
[210] 苗祖燕. 农民工社会保障制度研究 [D]. 济南：山东大学，2007.
[211] 潘虎. 中国农民工养老金制度的经济学研究 [D]. 北京：首都经济贸易大学，2010.
[212] 曲展. 我国城镇化进程中农村养老保险问题研究 [D]. 长春：吉林大学，2008.
[213] 宋艳. 进城农民工弱势地位改变研究 [D]. 长春：吉林大学，2007.
[214] 孙长海. 农民工动态演变研究 [D]. 咸阳：西北农林科技大学，2008.
[215] 陶明达. 农民工生态流动与市民化、城市化研究 [D]. 济南：山东农业大学，2006.
[216] 王文录. 人口城镇化背景下的户籍制度变迁研究 [D]. 长春：吉林大学，2010.
[217] 肖军梅. 农民工养老保险退保问题研究 [D]. 武汉：武汉科技大学，2007.
[218] 熊彩云. 农民工定居转移问题研究 [D]. 北京：中国农业科学院，2006.
[219] 张伟兵. 城市农民工养老保险政策研究 [D]. 天津：南开大学，2009.
[220] 张清泉. 二元经济结构条件下的中国农民工研究 [D]. 福州：福建师范大学，2008.
[221] 张伟. 农民工社会保障制度研究 [D]. 杭州：浙江大学，2009.

[222] 周莹. 中国农村养老保障制度的路径选择研究［D］. 上海：复旦大学，2006.

[223] 周飞. 土地征用制度改革的理论分析与实证研究［D］. 南京：南京师范大学，2005.

[224] 詹玲. 社会主义和谐社会建设中的中国农民工问题［D］. 北京：中共中央党校，2006.

[225] 曾婷婷. 城乡统筹进程中农村养老保险问题研究［D］. 成都：电子科技大学，2009.

四、英文参考文献

[226] Adamchak, D. J. (2001), The Effects of Age Structure on the Labor Force and Retirement in China. *The Social Science Journal*, 38：1–11.

[227] Alan J. Auerbach and Philip Oreopoulos（1999），*Generational Accounting and Immigration in the United States*. NBER Working Papers 7041，National Bureau of Economic Research，Inc.

[228] Alessandra Casarico and Carlo Devillanova (2003), Capital–skill Complementarity and the Redistributive Effects of Social Security Reform. *Journal of Public Economics*，Pp. 1–12.

[229] Bonoli, G. (2000), *The Politics of Pension Reform：Institutions and Policy Change in Western Europe*. Cambridge：Cambridge University Press.

[230] Cain, L. D. (1964). Life Course and Social Structure. Pp. 272–309 in *Handbook of Modern Sociology*，edited by R. E. L. Faris. Chicago，IL：Rand McNally & Co.

[231] Castles, F. G. (1995), Welfare State Development in Southern Europe. *West European Politics* 18（2）：291–313.

[232] Chan, N. (2003), Land Acquisition Compensation in China—Problems and Answers. *International Real Estate Review* 6（1）：136–152.

[233] Coase, R. (1960), The Problem of Social Cost. *Journal of Law and Economics* 3：1–44.

[234] DiMaggio, P. and Powell, W. W. (1991), Introduction. Pp. 1–38 in *The New Institutionalism in Organizational Analysis*，edited by W. W. Powell and P. DiMaggio. Chicago，IL：University of Chicago Press.

[235] Elder，G. H. ，Jr.（1985），Perspectives on the Life Course. Pp. 23–49 in *Life Course Dynamics: Trajectories and Transitions，1968—1990*，edited by G. H. Elder，Jr. Ithaca，NY：Cornell University Press.

[236] Elder，G. H. ，Jr.（1994），Time，Human Agency，and Social Change：Perspectives on the Life Course. *Social Psychology Quarterly* 57（1）：4–15.

[237] George J. Gilboy and Eric Heginbotham（2004），The Latin Americanization of

China? *Current History.*

[238] Giele，J. Z. and Elder，G. H.（1998），*Methods of Life Course Research：Qualitative and Quantitative Approaches.* Thousand Oaks，CA：Sage Publications.

[239] Gong，S.（2003），*The State and Pension Policy Instability in the People's Republic of China.* Unpublished PhD thesis. Sheffield：University of Sheffield.

[240] Goodman，R. and Peng，I.（1996），The East Asian Welfare States：Peripatetic Learning，Adaptive Change，and Nation–Building. Pp. 192–224 in *Welfare States in Transition: National Adaptations in Global Economies*，edited by G. Esping–Andersen. London：United Nations Research Institute For Social Development.

[241] Goodman，R.，White，G. and Kwon，H. –J.（eds）（1998），*The East Asian Welfare Model–Welfare Orientalism and the State.* London：Routledge.

[242] Hall，P. A.（ed. ）（1989），*The Political Power of Economic Ideas：Keynesianism across Nations.* Princeton，NJ：Princeton University Press.

[243] Hall，P. A. and Taylor，R. C. R.（1996），Political Science and the Three New Institutionalisms. *Political Studies* 44：936–957.

[244] Heinz，W. R. and Krüger，H.（2001），Life Course：Innovations and Challenges for Social Research. *Current Sociology* 49（2）：29–45.

[245] Hebel，J.（2003），Social Welfare in Rural China. *Journal of Peasant Studies* 30（3–4）：224–252.

[246] Holliday，I.（2005），East Asian Social Policy in the Wake of the Financial Crisis：Farewell to Productivism? *Policy & Politics* 33（1）：145–162.

[247] Hort，S. E. O. and Kuhnle，S.（2000），The Coming of East and South–East Asian Welfare States. *Journal of European Social Policy* 10（2）：162–184.

[248] Immergut，E. M.（1998），The Theoretical Core of the New Institutionalism. *Politics & Society* 26（1）：5–34.

[249] Kaufmann，F. –X.（2003），*Der deutsche Sozialstaat im internationalen Vergleich.* Frankfurt/M：Suhrkamp Verlag.

[250] Kohli，M.（1986），The World We Forgot：An Historical Review of the Life Course. Pp. 271–303 *in Later Life：The Social Psychology of Aging*，edited by V. W. Marshall. Beverly Hills，CA：Sage Publications.

[251] Kohli，M. ，Rein，M. ，Guillemard，A. –M. and Gunsteren，H. v.（1991），*Time for Retirement：Comparative Studies of Early Exit from the Labor Force.* Cambridge：Cambridge University Press.

[252] Kohli，M.（2007），The Institutionalization of the Life Course：Looking Back to

Looking Ahead, *Research in Human Development* 4: 253–271.

［253］ Lehmbruch, G. (1991), The Organization of Society, Administrative Strategies, and Policy Networks: Elements of a Developmental Theory of Interest Systems. Pp. 121–158 in *Political Choice, Institutions, Rules, and the Limits of Rationality*, edited by R. M. Czada and A. Héritier. Frankfurt and Boulder: Campus Verlag.

［254］ Leisering, L and Leibfried, S. (1999), *Times of Poverty in Western Welfare States: United Germany in Perspective.* Cambridge: Cambridge University Press.

［255］ Leisering, L. and Gong, S. (2002), *People's Republic of China–Old–Age Pensions for the Rural Areas: From Land Reform to Globalization.* Manila: Asian Development Bank.

［256］ Leisering, L. (2003), Government and the Life Course. Pp. 205–225 in *Handbook of the Life Course*, edited by J. T. Mortimer and M. J. Shanahan. New York, NY: Kluwer Academic/Plenum Publishers.

［257］ Leisering, L. and Schumann, K. F. (2003), How Institutions Shape the German Life Course in *Social Dynamics of the Life Course: Transitions, Institutions and Interrelations*, edited by W. Heinz and V. W. Marshall. New York: Aldine de Gruyter.

［258］ Lieberthal, K. (1995), *Governing China: From Revolution through Reform.* New York and London: W. W. Norton & Company.

［259］ Levy, R. (1996), Towards a Theory of Life Course Institutionalization. Pp. 83–108 in *Society and Biography: Interrelationships between Social Structure, Institutions and the Life Course*, edited by A. Weymann and W. R. Heinz. Weinheim: Deutscher Studien Verlag.

［260］ Luhmann, N. (1990), *Political Theory in the Welfare State.* Berlin and New York: de Gruyter.

［261］ Macmillan, R. (ed.) (2005), The Structure of the Life Course: Standardized? Individualized? Differentiated?. *Advances in Life Course Research* 9: 27–53.

［262］ Mannheim, K. (1952), The Problems of Generations. Pp. 276–322 in *Essays on the Sociology of Knowledge*, edited by P. Kecskemeti. London: Routledge & Kegan Paul Ltd.

［263］ Marshall, V. W. and Mueller, M. M. (2001), *Life Course Concepts in North America*, Paper presented at the International Symposium-Institutions, Interrelations, Sequences: The Bremen Life–Course Approach. University of Bremen. Also in W. Heinz and V. W.

［264］ Marshall, T. H. (1964), *Class, Citizenship and Social Development.* New York,

NY：Doubleday.

［265］ Marshall（eds），*The Life Course：Sequences，Institutions and Interrelations*. New York，NY：Aldyne de Gruyter.

［266］ Maxwell，J. A.（2005），*Qualitative Research Design：An Interactive Approach.* Thousand Oaks，CA：Sage Publications. p. 71.

［267］ Mayer，K. U. and Schöpflin，U.（1989），The State and the Life Course. *Annual Review of Sociology* 15：187–209.

［268］ Mayer，K. U.（2001），The Paradox of Global Social Change and National Path Dependencies: Life Course Patterns in Advanced Societies. Pp. 89–110 in *Inclusions and Exclusions in European Societies*，edited by A. Woodward and M. Kohli. London：Routledge.

［269］ Mayer，K. U.（2005），Life Courses and Life Chances in a Comparative Perspective，in *Analyzing Inequality：Life Chances and Social Mobility in Comparative Perspective*, edited by Svallfors, S.（ed.）. Palo Alto，CA：Stanford University Press.

［270］ Meyer，J. W.（1992），The Life Course as a Professionalized Cultural Construction. Pp. 83–95 in *Institutions and Gatekeeping in the Life Course*，edited by W. R. Heinz. Weinheim：Deutscher Studien Verlag.

［271］ Meyer，J. W. and Jepperson，R. L.（2000），The "Actors" of Modern Society：The Cultural Construction of Social Agency. *Sociological Theory* 18：100–120.

［272］ Nee，V.（1998），Sources of the New Institutionalism. Pp. 1–16 in *The New Institutionalism in Sociology*，edited by M. C. Brinton and V. Nee. New York，NY：Russel Sage Foundation.

［273］ Nee，V. and Ingram，P.（1998），Embeddedness and Beyond：Institutions，Exchange，and Social Structure. Pp. 19–45 in *The New Institutionalism in Sociology*，edited by M. C. Brinton and V. Nee. New York，NY：Russel Sage Foundation.

［274］ Pei，X. and Pillai，V. K.（1999），Old Age Support in China：The Role of the State and the Family. *International Journal of Aging and Human Development* 49（3）：197–212.

［275］ Pierson，P.（1993），When Effect Becomes Cause：Policy Feedback and Political Change. *World Politics* 45：595–628.

［276］ Pierson，C.（1998），*Beyond the Welfare State? The New Political Economy of Welfare.* Cambridge：Polity.

［277］ Razin, A. and Sadka, E.（1999），Migration and Pension with International Capital Mobility. *Journal of Public Economics* 74（1）：141–150.

［278］ Riley，M. W. ，Johnson，M. and Foner，A.（1972），*A Sociology of Age Stratification*

(*Aging and Society*)，Vol. 3. New York，NY：Russell Sage Foundation.

[279] Rueschemeyer，D. and Skocpol，T.(eds)(1996)，*States，Social Knowledge and the Origins of Modern Social Policies.* Princeton，NJ：Princeton University Press.

[280] Scott，W. R.(1987)，The Adolescence of Institutional Theory. *Administrative Science Quarterly* 32：493–511.

[281] Scharpf，F. W. and Schmidt, V. A.(eds)(2000)，*Welfare and Work in the Open Economy：From Vulnerability to Competitiveness,* Vol. 1. Oxford：Oxford University Press.

[282] Settersten，R. A. ，Jr.(1999)，*Lives in Time and Place: The Problems and Promises of Developmental Science.* Amityville，NY：Baywood Publishing Company.

[283] Settersten，R. A. ，Jr.(2003)，Rethinking Social Policy：Lessons of a Life–Course Perspective. Pp. 191–222 in *Invitation to the Life Course：Toward New Understandings of Later Life*，edited by R. A. Settersten，Jr. Amityville. NY：Baywood Publishing Company.

[284] Shi，S. –J.(2006)，Left to Market and Family–Again？Ideas and the Development of the Rural Pension Policy in China. *Social Policy & Administration* 40 (7).

[285] Streeck，W. and Schmitter，P. C.(1985)，Community，Market，State – and Associations？The Prospective Contribution of Interest Governance to Social Order. *European Sociological Review* 1 (2)：119–138.

[286] Storesletten，K.(2000)，Sustaining Fiscal Policy through Immigration. *Journal of Political Economy*，Vol. 108.

[287] Swaan，A. d.(1988)，*In Care of the State: Health Care，Education and Welfare in Europe and the USA in the Modern Era*. Cambridge：Polity Press.

[288] White，G.(1998)，Social Security Reforms in China：Towards an East Asian Model？Pp. 175–197 in *The East Asian Welfare Model：Welfare Orientalism and the State*，edited by R. Goodman，G. White and H. –J. Kwon. London and New York：Routledge.

[289] Windhoff–Héritier，A.(1991)，Institutions，Interests and Political Choice. Pp. 27–52 in *Political Choice: Institutions，Rules，and the Limits of Rationality*，edited by R. M. Czada and A. Windhoff–Héritier. Frankfurt/M：Campus Verlag.

[290] Wrong，D. H.(1961)，The Oversocialized Conception of Man in Modern Sociology. *American Sociological Review* 26 (2)：183–193.